LA VIDA IMPERSONAL:
UNA GUÍA PARA EL AUTODESCUBRIMIENTO Y EL CRECIMIENTO ESPIRITUAL

JOSEPH BENNER

aubiblio

La vida impersonal:
Una guía para el autodescubrimiento y el crecimiento espiritual
Joseph Benner

Traducción de
DANGELLO MEDINA

Edición y revisión de
ANTHONY VALDIVIA

aubiblio

La vida impersonal: Una guía para el autodescubrimiento y el crecimiento espiritual
Joseph Benner

© 2023, Aubiblio
La vida impersonal: Una guía para el autodescubrimiento y el crecimiento espiritual / Joseph Benner

ISBN - 9798875935602

ÍNDICE

INTRODUCCIÓN

Con el fin de comprender mejor las verdades profundas y vitales contenidas en el mensaje interior, es recomendable que mantengas una mente tranquila y abierta durante cada lectura. Calma tu intelecto e invita a tu alma a impartir la enseñanza. Lee una sola frase, y no continúes hasta que algo en tu interior se conmueva ante la verdad manifestada y te señale su significado.

Intenta darte cuenta de que el «Yo» que habla a lo largo del mensaje es el Espíritu interior, tu propia Alma, el Yo Impersonal, el tú Real; el mismo Yo que en momentos de calma te muestra tus errores, tus locuras, tus debilidades, y siempre está ayudándote a vivir de acuerdo con sus ideales.

El mensaje interior llegó a una mente tranquila durante meses repletos de un intenso anhelo por la guía del Espíritu y de una oportunidad de servir al Padre Amoroso que se había mostrado siempre presente y dispuesto a bendecir a sus hijos que lo amaban y lo colocaban en un lugar preferente en sus corazones y en sus vidas.

Es posible transmitir la ayuda y la orientación recibidas de esta manera, ya que la sabia y amorosa enseñanza es tan inusual y tan impersonal, que se aplicará a todo aquel que esté dispuesto a recibirla.

La gran bendición del mensaje es que, si estás preparado, el «Yo» que habla en él continuará hablándote directamente desde tu propio corazón, incluso después de que dejes este libro; y lo hará de una manera tan íntima y convincente que aclarará todos tus problemas. Además, será para ti una fuente de Sabiduría y Fuerza, y te traerá la Paz, Salud, Felicidad y Libertad. Es decir, todo lo que tu corazón desea.

Este pequeño libro, por lo tanto, pretende servir de canal o puerta abierta para que puedas ingresar en la Alegría de tu Señor, el Ser superior prometido por Jesús, la expresión viva de Cristo.

—La editorial.

LA VIDA IMPERSONAL

CAPÍTULO 1

YO SOY

Te hablo a ti, quien está leyendo esto. A ti, quien a través de los años y muchas idas y venidas, ha estado buscando con ansiedad, en libros y enseñanzas, en filosofía y religión, saber en qué consiste la Verdad, la Felicidad, la Libertad y Dios.

A ti, cuya alma está cansada, desanimada y con pocas esperanzas habitando en ella.

A ti, que muchas veces has obtenido una idea poco clara de lo que significa la «Verdad», y te has dado cuenta después, cuando la seguiste y trataste de alcanzarla, que se perdía en el más allá, como un espejismo en el desierto.

Para ti, que creías haberla encontrado en algún gran maestro, en el líder de una Sociedad, Fraternidad o Religión, y que te parecía un «Maestro» por la maravillosa sabiduría que enseñaba y las obras que realizaba; y solo para que después te des cuenta de que ese «Maestro» solo era una personalidad humana, con defectos y debilidades, y pecados secretos, igual que tú, aunque esa personalidad pudiera haber sido un canal a través del cual se expresaron muchas enseñanzas hermosas, parecidas a la Verdad.

Y es entonces que te encuentras aquí, alma temerosa y confundida, sin saber a quién pedir ayuda.

He venido por ti.

Tú, que has comenzado a sentir la presencia de esa «Verdad» en el interior de tu alma, y buscas la confirmación de aquello que ha estado luchando por obtener una expresión viva en tu interior.

Sí, a todos los que tienen hambre del verdadero «Pan de Vida», se aproxima el verdadero YO SOY.

¿Estás listo para participar?

Si es así, despiértate. Siéntate. Calma tu mente humana y sigue de cerca la palabra que pronunciaré. Si no lo haces así, te alejarás decepcionado una vez más, con tu ser todavía insatisfecho.

¿Quién soy?

¿Yo, que hablo con tanto conocimiento y autoridad?

¡Escucha!

YO SOY tú, esa parte de ti que ES y SABE; que conoce todas las cosas, y que siempre supo, y siempre fue. Sí, YO SOY tú, tu SER; esa parte de ti que dice YO SOY; esa parte trascendente, más interna de ti que cobra vida mientras lees, que responde a mi Palabra, que percibe su Verdad, que reconoce toda Verdad y descarta todo error sin importar dónde se encuentre. No soy esa parte que se ha estado alimentando del error durante todos estos años.

Porque YO SOY tu verdadero Maestro, el único y verdadero que jamás conocerás: el único Maestro; YO, tu SER divino.

Yo, el YO SOY de ti, te traigo mi Mensaje, mi Palabra viviente, como la he traído durante toda la vida, ya sea en forma de un libro o un supuesto «Maestro», en la pobreza o riqueza, en una amarga experiencia o en el amor, solo para enseñarte que Yo, y solo Yo, tu propio Ser Verdadero, SOY el Maestro para ti, el único Maestro y Dios, quien es y siempre te ha estado proveyendo no solo con el pan y el vino de la Vida, sino con todas las cosas necesarias para tu crecimiento y sustento físico, mental y espiritual.

Por lo tanto, lo que te atrae es mi Mensaje, expresado a tu conciencia humana desde el interior, y únicamente es una confirmación de lo que el YO SOY de ti siempre supo, pero que no pudo traducir en términos definidos y tangibles a tu conciencia externa.

Del mismo modo, todo lo que alguna vez te llamó la atención —proveniente de alguna expresión externa— fue la confirmación de mi Palabra ya pronunciada en tu interior, y cuya expresión externa fue la vía o medio que elegí para alcanzar e impresionar tu conciencia humana.

Pero yo no soy tu mente humana, y tampoco el intelecto, que es como su hijo. Ellos son la expresión de tu Ser, así como tú eres la expresión de mi Ser. Ellos son fases de tu personalidad humana, como tú eres una fase de mi Divina Impersonalidad.

Reflexiona y estudia detenidamente estas palabras.

Levántate y libérate de la dominación de tu personalidad, con tu mente e intelecto fortalecidos y autoglorificantes.

Desde ahora en adelante, tu mente debe servirte, y el intelecto debe ser como tu esclavo, porque mi Palabra ingresará hasta la conciencia de tu Alma.

El YO SOY llega a la conciencia de tu Alma, la cual se encuentra preparada para la recepción de mi Palabra.

Y si eres lo suficientemente fuerte como para soportarlo; si puedes dejar de lado todas tus fantasías, creencias y opiniones personales —que son la basura que has recogido de los demás—; si eres lo suficientemente fuerte como para desecharlos todos, entonces mi Palabra será para ti una fuente inagotable de alegría y bendición.

Pero debes estar preparado para que tu personalidad tenga dudas de mi Palabra mientras la conoces a lo largo del camino.

La existencia de mi Palabra está amenazada, y sabe que no puede vivir, prosperar y dominar por mucho tiempo en tu pensamiento, tus sentimientos y tu devenir si decides llevarla en tu corazón y permites que permanezca allí.

Sí, el YO SOY viene a ti ahora, para señalarte mi Presencia. Y también he preparado tu mente humana para que pueda, en cierta medida, comprender mi significado.

Siempre he estado contigo, pero tú no eras consciente de ello.

Te he guiado a través del desierto de libros y enseñanzas, de religiones y filosofías, procurando que tu alma pueda tener la visión de la Tierra Prometida, alimentándote con el maná del desierto, para que puedas recordar, valorar y anhelar el Pan del Espíritu.

Ahora te he traído al río Jordán, el cual te separa de tu herencia divina.

Ha llegado el momento de que me conozcas conscientemente; de que cruces a Canaán, la tierra de la Leche y la Miel.

¿Estás preparado? ¿Quieres irte?

Entonces sigue mi Palabra, que es el Arca de mi Alianza, y tu camino será agradable.

CAPÍTULO 2

ESTATE QUIETO Y CONOCE

Para que puedas aprender a conocerme, para que estés seguro de que soy Yo, tu propio Ser Verdadero, quien dice estas palabras, primero debes aprender a estar quieto, a calmar tu mente y cuerpo, y todas sus actividades, para que dejes de ser consciente de ellas.

Tal vez aún no seas capaz de hacerlo, pero yo te enseñaré cómo; todo dependerá de si realmente quieres conocerme y estás dispuesto a demostrarlo confiando en mí y obedeciéndome en todo lo que te pida.

¡Escucha!

Trata de imaginar que el «Yo» que habla en estas páginas es tu Yo Superior o Divino, dirigiéndose y aconsejando a tu mente e intelecto humanos, los cuales debes considerar como una personalidad separada. Tu mente humana está constituida para que no pueda aceptar nada que no se ajuste a lo que ha aprendido antes, y que, por lo tanto, su intelecto no considere razonable. Al dirigirte a ella, debes utilizar los términos y expresiones que explicarán con mayor claridad a tu intelecto las verdades que debe comprender antes de que la mente pueda despertar a la conciencia de tu significado.

El hecho que importa es que este «Yo» eres tú mismo, tu Yo Real. Tu mente humana ha estado muy ocupada en la tarea de proveer a su intelecto y a su cuerpo toda clase de indulgencias egoístas, por lo que nunca ha tenido tiempo de relacionarse con el Verdadero Tú, su verdadero Señor y Maestro. En todo ese tiempo, tu interés y gustos se han dirigido hacia los placeres y sufrimientos de tu cuerpo e intelecto, hasta llegar al punto de creer que tú eres tu intelecto y cuerpo, por lo que casi me has olvidado a Mí, tu Ser Divino.

Yo no soy tu intelecto ni tu cuerpo, y este mensaje es para enseñarte que tú y yo somos Uno. Las palabras que aquí pronuncio, y el objetivo principal de estas instrucciones, es despertar tu conciencia para que te des cuenta de este hecho.

Sin embargo, no puedes ser consciente hasta que puedas alejarte de la conciencia de este cuerpo e intelecto que te ha mantenido esclavizado. Debes sentirme en tu interior, antes de que puedas saber que YO ESTOY allí.

Ahora, para que puedas alejarte de tu mente y sus pensamientos, y de tu cuerpo y sus sensaciones, y así puedas sentirme a mí en tu interior, es necesario que obedezcas todas mis instrucciones.

Siéntate en silencio en una posición relajada y, cuando estés totalmente tranquilo, deja que tu mente asimile el significado de estas palabras:

«Quédate quieto y conóceme a mí, que soy Dios».

Sin perder el tiempo en pensamientos vagos, tienes que permitir que mi Divino Mandato ingrese profundamente en tu Alma. Deja que cualquier impresión que venga a tu mente ingrese voluntariamente, sin esfuerzo o interferencia de tu parte. Observa con cuidado su importancia, porque soy Yo quien a través de estas impresiones te está instruyendo. Luego, cuando algo de su significado vital comience a surgir en tu conciencia, pronuncia mis Palabras de forma lenta e imperativamente, a cada centímetro de tu cuerpo, a cada facultad de tu mente, con todo el poder que poseas:

«¡Quédate quieto! Y conoce que YO SOY Dios».

Debes pronunciar estas palabras, así como están escritas, tratando de comprender que el Dios de tu interior manda y exige de tu ser mortal una obediencia implícita.

Estúdialos, busca su potencia oculta. Medítalos, llévalos a tu trabajo o cualquier lugar. Conviértelos en el factor vital y dominante de tu trabajo, de todos tus pensamientos creativos.

Repítelas mil veces al día, hasta que hayas descubierto todo mi significado; hasta que cada célula de tu cuerpo se estremezca al responder esta orden. «Quédate quieto», y obedece instantáneamente; y cada pensamiento que esté vagando por tu mente debe esconderse. Y entonces, las palabras brillarán a través de las cavernas de tu ser vacío, mientras el Sol del Saber comienza a elevarse en el horizonte de tu conciencia.

Sentirás el oleaje de un maravilloso y extraño aliento llenándote hasta el extremo de todos tus miembros mortales, causando que tus sentidos casi estallen con el éxtasis de ello; entonces, llegará oleada tras oleada de un poderoso y resistente poder elevándose en tu interior, levantándote casi fuera de la tierra; y sentirás la Gloria, la Santidad y la Majestad de mi Presencia. Solo así, entonces, sabrás que YO SOY DIOS.

Cuando me hayas sentido dentro de ti en algunos momentos, cuando hayas saboreado mi Poder, escuchado mi Sabiduría, y conocido el éxtasis de mi Amor que todo lo abarca, haré que ninguna enfermedad pueda tocarte, que ninguna circunstancia pueda debilitarte y que ningún enemigo pueda vencerte. Porque ahora tú sabes que YO ESTOY en tu interior, y tú siempre recurrirás a mí cuando te encuentres en necesidad, poniendo toda tu confianza en mí, y permitiéndome manifestar mi Voluntad.

Y tú, cuando te dirijas hacia Mí, me encontrarás siempre como una ayuda infalible, siempre presente en tiempos de necesidad. Yo te llenaré con una realización de mi Presencia y de mi Poder. Solo necesitas estar quieto y permitirme hacer lo que quieras que haga: curar tus males o los de otros, iluminar tu mente para que puedas ver con mis ojos la Verdad que buscas, o realizar perfectamente las tareas que antes te parecían imposibles de alcanzar.

Pero este conocimiento, esta realización, no llegará de forma inmediata. Tal vez no llegue en años, o puede que aparezca en unos días.

Solo depende de ti, de nadie más.

No debe intervenir tu personalidad, con sus deseos humanos y su comprensión humana.

Sino en el YO SOY de ti, Dios, en tu interior. ¿Quién hace que el capullo se convierta en flor?

¿Quién hace que el polluelo rompa el cascarón?

¿Quién decide el día y la hora?

Es el acto consciente y natural de la Inteligencia interior, mi Inteligencia, dirigida por mi Voluntad, llevando mi Idea a un buen objetivo y expresándola en la flor y en el polluelo.

Pero, ¿tuvieron algo que ver la flor y el polluelo?

No, solo cuando se sometieron o unieron sus voluntades a la mía y me permitieron a mí y a mi Sabiduría determinar la hora y la madurez para la acción, y, entonces, únicamente cuando obedecieron el impulso de mi Voluntad para hacer el esfuerzo, pudieron acercarse a la Nueva Vida.

Puedes, con tu personalidad, intentar atravesar mil veces el caparazón de tu conciencia humana.

Sin embargo, el único resultado será la ruptura de las puertas que he proporcionado entre el mundo de las formas tangibles y el reino de los sueños intangibles; y una vez abierta la puerta, ya no podrás alejar a los intrusos de tu dominio privado, sin tener problemas y sufrimientos.

No obstante, permito todo esto de vez en cuando, para que a través del sufrimiento puedas obtener la fuerza que te falta y la sabiduría necesaria para saber que solo hasta que renuncies a todo deseo de conocimiento, de bondad y de unión conmigo para beneficiarte, podrás desplegar tus pétalos mostrando mi belleza perfecta, y despojarte de la cáscara de tu personalidad humana y dar un paso adelante hacia la gloriosa Luz de mi Reino Celestial.

Es por esta razón que te doy estas indicaciones, para que vayas aprendiendo a reconocerme.

Te prometo que podrás conocerme y comprender toda mi palabra, sin importar dónde esté escrita —ya sea en libros, enseñanzas, en la Naturaleza o en el prójimo— únicamente si continuas y te esfuerzas por comprender y obedecer mis instrucciones.

Seguramente hay muchas cosas contradictorias escritas aquí, por lo que recomiendo buscar mi Verdadero Significado antes de descartarlo.

No dejes ni un solo párrafo o pensamiento en él, hasta que todo lo sugerido quede claro.

Que toda tu búsqueda y esfuerzo se realice con fe y confianza en mí, tu Verdadero Ser Interior, dejando de lado la ansiedad por los resultados. Yo me ocuparé de ellos. Tus dudas y tu ansiedad son parte de la personalidad, y si persisten, provocarán fracaso y decepción.

CAPÍTULO 3

YO, VIDA, DIOS

Si lo que acabas de leer ha despertado una respuesta en tu interior —y tu alma desea más—, entonces estás preparado para lo que sigue a continuación.

Pero si continúas dudando o rebelándote ante la autoridad Divina que se encuentra aquí escrita, y tu intelecto te dice que todo esto no es más que otro intento de engañar tu mente con astuta sugestión y argumentos sofísticos, entonces no recibirás ningún beneficio de estas palabras. Su significado se mantendrá oculto a tu conciencia mortal, y mi Palabra deberá llegarte a través de otras vías de expresión.

Y está bien si tu personalidad junto al intelecto te impulsan a cuestionar y rebelarte contra la autoridad, ya que aún no sabes que me pertenece. Pero en realidad soy Yo quien hace que tu personalidad se rebele de esta manera; porque ella —con su orgulloso sentido de individualidad— todavía es necesitada por mí para desarrollar una mente y un cuerpo lo suficientemente fuertes como para que puedan expresarme con perfección. Y no será hasta que estés preparado para conocerme, que cuestionar y rebelarse son las misiones que le he dado a tu personalidad. Pero una vez que reconozcas mi autoridad, el poder de la personalidad empezará a debilitarse, y los días de su dominio estarán contados, y cada vez más recurrirás a mí en busca de ayuda y guía.

Por lo tanto, no te desanimes y continúa leyendo, tal vez llegue el reconocimiento. Sin embargo, debes tener presente siempre que, sin importar cómo leas, siempre seré Yo quien elige, y no tú.

Para ti, que aparentemente eliges dejar de leer, tengo otros planes, y a su debido tiempo aprenderás que hagas lo que hagas, desees lo que desees, soy yo quien te guía a través de todas las mentiras, falacias y las ilusiones de la personalidad, para que finalmente despiertes a su irrealidad y entonces te dirijas hacia mí como la única realidad. Entonces, estas palabras encontrarán una respuesta en tu interior:

«¡Quédate quieto! Y debes saber que YO SOY Dios».

Sí, YO SOY esa parte más íntima de ti, que espera y observa tranquilamente, sin conocer el tiempo ni el espacio; porque YO SOY el Eterno y lleno cada lugar.

Observo y espero a que termines con tus pequeñas locuras y debilidades humanas, con tus vanos anhelos, ambiciones y remordimientos, sabiendo que todo eso llegará a su tiempo; y entonces regresarás a mí, cansado, desanimado, vacío y humilde, y me pedirás que tome la iniciativa, sin darte cuenta de que yo te he estado guiando todo el tiempo.

Sí, estoy aquí adentro, esperando con calma; sin embargo, mientras esperabas, era realmente Yo quien dirigía todos tus caminos, quien inspiraba todos tus pensamientos y actos, utilizando y manipulando impersonalmente cada uno de ellos para finalmente llevarte a ti y a mis otras expresiones mortales a un reconocimiento consciente de mí.

Sí, he estado siempre aquí, en lo más profundo de tu corazón, acompañándote en todo, en tus alegrías y en tus penas, en tus éxitos y en tus errores, en tus maldades, en tus vergüenzas, en tus crímenes contra tu hermano y contra Dios.

Y también si te mantuviste firme, o si te desviaste o retrocediste, fui Yo quien hizo que realizarás todo eso.

Fui Yo quien te impulsó a seguir adelante al permitir que me vieras en la tenue distancia que coloqué.

Fui Yo quien te atrajo a un lado por una visión de mí en algún rostro hechizante, o cuerpo hermoso, o placer embriagador, o ambición abrumadora.

Fui Yo quien apareció ante ti vestido de Pecado, o de Debilidad, o de Avaricia, o de Sofisma, y te hizo retroceder hasta los brazos de la Conciencia, para que luches en sus garras sombrías; hasta que despertaste a su impotencia y te levantaste indignado; y en la inspiración de la nueva visión, me arrancaste la máscara.

Sí, soy Yo quien te obliga a hacer todas las cosas, y si puedes verlo, soy Yo quien realiza todas las cosas que tú haces, y todas las cosas que tu hermano hace; porque lo que en ti y en él ES, soy Yo, mi Ser.

Porque YO SOY la Vida.

YO SOY quien anima tu cuerpo, quien hace que tu mente piense y que tu corazón lata. YO SOY quien atrae el dolor o el placer, ya sea del cuerpo, del intelecto o de las emociones.

YO SOY el Íntimo, el Espíritu, la Causa animadora de tu ser, de toda vida, de todas las cosas vivientes —ya sean visibles o invisibles—; y no hay nada muerto, porque Yo, el UNO Impersonal, SOY todo lo que hay. YO SOY Infinito y totalmente ilimitado; el Universo es mi Cuerpo, toda la Inteligencia que existe emana de mi Mente, todo el Amor que existe fluye de mi Corazón, todo el Poder presente no es sino mi Voluntad en acción.

La triple Fuerza se manifiesta como Sabiduría, Amor y

Poder, o si se quiere, como Luz, Calor y Energía. La manifestación de mi Ser en el acto o estado de Ser es lo que mantiene unidas todas las formas y lo que se encuentra detrás de todas las expresiones y fases de la vida —sean esas fases creativas, cohesivas o destructivas—.

Nada puede Ser sin que se manifieste y exprese alguna fase de mí. Yo SOY el Constructor de todas las formas y el Morador en cada una de ellas. Yo habito en el corazón de cada uno; en el corazón del humano, del animal, de la flor, y hasta en el corazón de la piedra. En cada uno de ellos vivo, me muevo y tengo mi Ser, y desde el corazón de cada uno envío la fase que deseo expresar, y que se manifiesta en el mundo exterior como una piedra, una flor, un animal o un hombre.

Entonces, ¿no hay nada más que este gran Yo? ¿No se me permite ninguna individualidad para mí mismo? Escucho cada uno de tus preguntas.

No, no existe nada, absolutamente nada, que no sea parte de mí; que esté controlado y gobernado eternamente por mí, la Única Realidad Infinita.

En cuanto a tu supuesta individualidad, solo es tu personalidad tratando de mantener una existencia separada.

Pero con el tiempo te darás cuenta de que no existe una individualidad aparte de la mía, y que toda personalidad se desvanecerá en mi Divina Impersonalidad.

Y, además, alcanzarás el estado consciente en el que vislumbrarás mi Impersonalidad, y entonces no desearás ninguna individualidad o separación, porque descubrirás que eso es solo una ilusión más de la personalidad.

CAPÍTULO 4

CONCIENCIA, INTELIGENCIA, VOLUNTAD

Soy capaz de reconocer todo los pensamientos que han aparecido en tu mente mientras leías esto; todas las dudas y los cuestionamientos, y el temor que se transformó en una esperanza gracias al destello de mi significado, el cual ha comenzado a ingresar e iluminar la oscuridad de tu intelecto humano, para que puedas ver claramente la Verdad que instintivamente sientes que está oculta en mis Palabras.

Repito una vez más, este YO SOY que habla aquí es el Yo real de ti, y al leer estas palabras es necesario que te des cuenta de que eres tú, tu propio Yo, quien está dirigiéndose a tu conciencia humana, con el objetivo de comprender su significado.

Y también te digo, este mismo YO SOY es la Vida y el Espíritu que anima a todas las cosas vivientes en el Universo, desde el átomo más diminuto hasta la grandeza del Sol; este YO SOY es la Inteligencia en ti y en todas las personas que te rodean; y es igualmente la Inteligencia que hace que todo ser vivo exista y crezca y se convierta en aquello que es su destino.

Pero aún no puedes comprender cómo este YO SOY puede ser, a la vez, el YO SOY de ti y el YO SOY de tu hermano, y también ser la Inteligencia de la piedra, la planta y el animal.

Podrás verlo si sigues mis Palabras y obedeces las instrucciones que contienen; porque pronto haré surgir una Luz en tu conciencia que iluminará los más profundos rincones de tu mente y ahuyentará los conceptos erróneos, y las ideas y opiniones humanas que oscurecen tu intelecto. Lograrás hacerlo si continúas leyendo y te esfuerzas seriamente por comprender mi Significado.

Así que escucha con atención.

YO SOY tú, el Ser Real, todo lo que realmente eres. Lo que crees que eres, en realidad no es así. Es solo una ilusión, una sombra del Verdadero tú. YO SOY tu Ser Inmortal y Divino.

YO SOY ese punto de conciencia focalizado en tu mente humana que se llama a sí mismo «YO». YO SOY ese «YO», y lo que llamas tu conciencia es en realidad mi Conciencia, simplificada para adaptarse a la capacidad de tu mente humana. Pero sigue siendo mi Conciencia, y cuando puedas expulsar de tu mente todos los conceptos erróneos, ideas y opiniones humanas, y puedas limpiarla y vaciarla por completo —para que mi Conciencia pueda tener la oportunidad de expresarse libremente—, entonces me reconocerás y te darás cuenta de que no eres nada. Eres únicamente un punto focal de mi conciencia, una avenida o medio a través del cual puedo expresar mi Significado en la materia.

Pero aún no puedes ver esto, y por supuesto eres incapaz de creerlo hasta que yo prepare tu mente, convenciendo a tu intelecto de aceptar esta verdad.

Se te ha mencionado que cada célula de tu cuerpo tiene una conciencia y una inteligencia propias; que si no fuera por esta conciencia no podría hacer el trabajo inteligente que realiza.

No obstante, cada célula está rodeada de millones de otras células, realizando su propio trabajo con cuidado y siendo controlada por la conciencia unida de todas estas células, formando una inteligencia grupal, que dirige y controla este trabajo. Aparentemente, esta inteligencia grupal pertenece al órgano de todas las células. Del mismo modo, hay otras inteligencias de grupo en otros órganos, conteniendo cada uno de ellos millones de células. Todos estos órganos constituyen tu cuerpo físico.

Ahora sabes que tú eres la Inteligencia que dirige el trabajo de los órganos de tu cuerpo, sin importar que esta dirección se haga consciente o inconscientemente; y, además, las células de cada órgano son realmente un punto focal de esta Inteligencia directora; y que cuando esta Inteligencia desaparece, las células se deshacen, tu cuerpo físico muere y ya no es un organismo viviente.

Pero, ¿quién es ese tú que dirige y controla las actividades de tus órganos y, por consiguiente, de cada una de las células que los componen?

No puedes decir que es tu yo humano o personal, porque tú personalmente puedes controlar conscientemente la acción de apenas un solo órgano de tu cuerpo.

Debe ser entonces este YO SOY Impersonal, que eres Tú, pero que, sin embargo, no eres tú en realidad.

¡Escucha!

Tú, el YO SOY de ti, eres para mí lo que la conciencia celular de tu cuerpo representa para tu conciencia YO SOY.

Tú eres una célula, por así decirlo, de mi Cuerpo, y tu conciencia —como una de mis células— es para mí lo que la conciencia de una de las células de tu cuerpo es para ti.

Por lo tanto, la conciencia de la célula de tu cuerpo es mi conciencia, así como tu conciencia es mi conciencia; y por lo tanto, nosotros debemos ser Uno en conciencia: la célula, tú y yo.

En este momento, no puedes dirigir o controlar conscientemente ni una sola célula de tu cuerpo; pero cuando puedas entrar en tu conciencia del YO SOY y conocer su identidad conmigo, entonces podrás controlar cada célula de tu cuerpo, y también la de cualquier otro.

¿Qué ocurre cuando tu Inteligencia deja de controlar las células de tu cuerpo? El cuerpo se desintegra, las células se separan y su trabajo termina. ¿Pero las células mueren o pierden la conciencia? No, simplemente duermen o descansan durante un período, y después de un tiempo se unen con otras células y forman nuevas combinaciones, y tarde o temprano aparecen en otras manifestaciones de vida —tal vez mineral, vegetal o animal—, mostrando que todavía conservan su conciencia original y únicamente esperan la acción de mi Voluntad para unirse en un nuevo organismo y realizar el trabajo de la nueva Inteligencia a través de la cual deseo manifestarme.

Aparentemente esta conciencia celular es común a todos los cuerpos —ya sea mineral, vegetal, animal o humano—; estando capacitada por la experiencia para un tipo general de trabajo.

Esta conciencia celular es común a todas las células de todos los cuerpos, sin importar su tipo, porque es una conciencia Impersonal que solo busca realizar su propósito designado. Vive solo para trabajar, sin importar el lugar. Cuando termina de construir una forma, empieza a elaborar otra, en cualquier Inteligencia que yo desee que sirva.

De igual forma funciona contigo.

Tú, como una de las células de mi Cuerpo, tienes una conciencia que me pertenece, una inteligencia que es mi inteligencia, incluso una voluntad que es mi voluntad. Tú no tienes nada de esto para ti o que provenga de ti mismo. Todas son mías y están allí para mi uso.

Ahora bien, mi Conciencia, mi Inteligencia y mi Voluntad son totalmente Impersonales, y por lo tanto son comunes contigo y con todas las células de mi Cuerpo, así como son comunes con todas las células de tu cuerpo.

YO SOY, y, siendo enteramente Impersonal, mi Conciencia, mi Inteligencia y mi Voluntad, trabajando en ti y en las otras células de mi Cuerpo, deben trabajar Impersonalmente, así como proceden Impersonalmente en las células de tu cuerpo. Por lo tanto, Yo, y el YO SOY de ti y de tu hermano, y la conciencia y la inteligencia de todas las células de todos los cuerpos, somos UNO solo.

YO SOY la Inteligencia que dirige y controla todo, el Espíritu animador, la Vida y la Conciencia de toda materia, de toda Sustancia.

Y si puedes darte cuenta de esto, tú, el tú Real, el tú Impersonal, te encuentras en todo y eres uno con ellos, estás en mí y eres uno conmigo; así como YO ESTOY en ti y en todos, y por lo tanto estoy expresando mi Realidad a través de ti y de todos. Esta voluntad —que tú llamas tu voluntad—, no te pertenece del todo, así como tampoco esta conciencia y esta inteligencia de tu mente y de las células de tu cuerpo.

En realidad, es una pequeña porción de mi Voluntad que Yo permito que el tú personal utilice. En cuanto reconoces cierto poder o facultad dentro de ti y comienzas a utilizarlo conscientemente, permito que utilices mi poder Infinito.

Todo poder y su uso es solo reconocimiento y comprensión del uso de mi Voluntad.

Tu voluntad y todos tus poderes son únicamente fases de mi Voluntad, adaptada a tu capacidad para que así puedas utilizarla.

Si te ofreciera todo el poder de mi Voluntad —antes de que supieras cómo utilizarlo conscientemente—, aniquilaría tu cuerpo por completo.

Para probar tu fuerza —y para mostrarte lo que produce el mal uso de mi poder—, a veces permito que cometas un pecado o un error. Incluso te doy permiso para que te llenes con el sentido de mi Presencia en tu interior, cuando se manifiesta como una conciencia de mi Poder, mi Inteligencia y mi Amor; y dejo que los tomes y los utilices para tus propios fines. Sin embargo, el tiempo es limitado, ya que, al no ser lo suficientemente fuerte para controlarlos, huirán contigo, te arrojarán al fango y desaparecerán de tu conciencia.

Sin embargo, YO ESTOY siempre ahí para levantarte después de la caída, aunque tú no lo sepas. Primero te avergüenzo, luego te enderezas y empiezas de nuevo, descubriendo la razón de tu caída; y, finalmente, cuando estás suficientemente humillado, te hago ver que estos poderes son tuyos por el uso consciente de mi Voluntad, mi Inteligencia y mi Amor, y que solo te son permitidos para usarlos en mi servicio, y no para tus fines personales.

¿Acaso las células de tu cuerpo o los músculos de tu brazo piensan en creerse poseedores de una voluntad separada de tu voluntad, o de una inteligencia separada de tu inteligencia?

No, solo conocen tu inteligencia y tu voluntad.

Después de un tiempo te darás cuenta de que solo eres una de las células de mi Cuerpo; y que tu voluntad no es tu voluntad, sino la mía; que la conciencia y la inteligencia que tienes son totalmente mías; y que solo eres una forma física que contiene un cerebro humano, y que eres una de mis creaciones, un medio para expresar en la materia una Idea.

Probablemente sea muy difícil para ti aceptar todo esto, y

quieras protestar y negar cada uno de mis argumentos; es normal que cada instinto de tu naturaleza se rebele contra la subordinación a un poder invisible y desconocido, por Impersonal o Divino que sea.

Pero no temas, es solo tu personalidad la que se rebela de esta manera. Si continúas estudiando mis Palabras, todo se aclarará, y seguramente le mostraré a tu entendimiento interior muchas verdades maravillosas que ahora te son imposibles de comprender. Y tu Alma se regocijará y cantará alegres alabanzas, y bendecirás estas palabras por el mensaje que traen.

CAPÍTULO 5

LA LLAVE

Tal vez aún no seas consciente de que YO SOY, o no creas que realmente YO SOY tú, o que YO SOY de igual forma en tu hermano y tu hermana, y que todos son partes de mí y que son Uno conmigo.

Probablemente aún no te des cuenta de que tu Alma y la de tus hermanos —las cuales son las únicas partes reales e imperecederas del tú mortal—, son diferentes fases expresadas de mí en la Naturaleza.

Del mismo modo, puede que tú y tus hermanos aún no sepan que son fases o atributos de mi Naturaleza Divina, del mismo modo que tu personalidad humana —con su cuerpo, mente e intelecto mortales— no sepa que es una fase de tu naturaleza humana.

No, todavía no te das cuenta de esto, pero lo menciono ahora, para que reconozcas los signos cuando aparezcan en tu conciencia, como seguramente lo harán después.

Pero para reconocer estos signos, debes considerar y estudiar con cuidado mis indicaciones, y debes comprender mi significado, al menos en algún grado.

Una vez que comprendas el principio que expongo aquí, todo mi mensaje se volverá claro y comprensible.

En primer lugar, te entrego la Llave que abrirá todo misterio que te oculta el secreto de mi Ser.

Esta Llave —cuando sepas cómo usarla— abrirá la puerta a toda la Sabiduría y a todo el Poder en el cielo y en la tierra. Abrirá la puerta al Reino de los Cielos y entonces solo tienes que entrar para convertirte conscientemente en Uno conmigo.

La clave consiste en «Pensar es Crear», o «Como pienses en tu corazón, así será contigo».

Detente un momento y medita sobre esto para que se fije firmemente en tu mente.

Un pensador es un creador.

Un Pensador vive en un mundo que su propia creación consciente ha estructurado.

Una vez que sepas «pensar», puedes crear cualquier cosa que desees, ya sea una nueva personalidad, un nuevo entorno o un nuevo mundo.

Veamos si no puedes captar algunas de las Verdades ocultas y controladas por esta Llave.

Has podido ver cómo toda conciencia es Una, y en qué consiste toda mi Conciencia, y, sin embargo, es también la tuya y la del animal, la planta, la piedra y la célula invisible.

Has visto cómo esta conciencia es controlada por mi Voluntad, que hace que las células invisibles se unan y formen los diversos organismos para la expresión y el uso de los diferentes Centros de Inteligencia a través de los cuales deseo expresarme.

Sin embargo, eres incapaz de ver cómo puedes dirigir y controlar la conciencia de las células de tu propio cuerpo —sin mencionar las de otros cuerpos—, aunque tú, yo y ellos seamos uno solo en cuanto a conciencia e inteligencia.

Prestando especial atención a lo que sigue, ahora puedes ser capaz de ver esto.

¿Alguna vez has dedicado tu tiempo a estudiar en qué consiste la conciencia? ¿Qué es un estado impersonal de conciencia, o de espera para servir, ser dirigida o utilizada por algún poder latente en sí misma e íntimamente relacionado con ella?

¿Has analizado cómo el hombre parece ser el tipo de organismo más elevado que contiene esta conciencia, la cual es dirigida y utilizada por este poder dentro de sí mismo?

¿Y eres consciente que este poder que se encuentra latente en la conciencia del hombre y en toda conciencia no es más que Voluntad, es decir, mi Voluntad? Tú sabes que todo poder es únicamente la manifestación de mi Voluntad.

Has escuchado decir que en el principio creé al hombre a «mi imagen y semejanza», y que después soplé el Aliento de Vida en él y se convirtió en un Alma Viviente.

Al crear al hombre a mi Imagen y Semejanza, creé un organismo capaz de expresar toda mi Conciencia y mi Voluntad, lo que equivale a decir todo mi Poder, mi Inteligencia y mi Amor; por lo tanto, lo hice perfecto desde el principio, modelándolo según mi propia Perfección.

Cuando soplé mi aliento al organismo del hombre, este cobró vida conmigo; porque en ese momento insuflé en él mi Voluntad — y no desde fuera, sino desde dentro—, desde el Reino de los Cielos interior, donde YO SOY siempre. Y desde entonces respiré, viví y tuve mi Ser dentro del hombre, porque lo creé a mi Imagen y Semejanza con ese propósito.

La prueba de ello es que el hombre no respira ni puede hacerlo por sí mismo. Hay algo que es mucho más grande que su ser consciente y natural viviendo en su cuerpo y respirando a través de sus pulmones. Un increíble poder en su interior utiliza sus pulmones, al igual que usa el corazón para circular la sangre que contiene la vida de cada célula del cuerpo; al igual que utiliza el estómago y otros órganos para digerir y asimilar los alimentos para hacer sangre, tejido, cabello y hueso; al igual que utiliza el cerebro, la lengua, las manos y los pies para pensar, decir y hacer todo lo que el hombre hace.

Este poder es mi Voluntad de SER y VIVIR en el hombre. Por lo tanto, todo lo que el hombre es, YO SOY; y todo lo que el hombre hace, o tú haces, Yo lo hago; y todo lo que tú dices o piensas, soy Yo quien lo dice o piensa a través de tu organismo.

De igual forma, sabes que cuando el hombre fue poseído por mi Aliento, se le otorgó el dominio sobre todos los reinos de la tierra. Lo que significa que fue hecho señor de la tierra, del mar, del aire y los éteres, y todos los seres que viven en estos reinos le rindieron homenaje y se sometieron a su voluntad.

Esto sucedió de forma natural porque Yo —dentro de la conciencia del hombre y de cualquier conciencia— estoy siempre manifestando mi Voluntad; y Yo, el señor y gobernante del organismo del hombre, SOY igualmente el señor y gobernante de todos los organismos en los que habita la conciencia. Y como toda conciencia me pertenece y habita en el lugar donde haya vida, y como no hay sustancia en lugares donde no hay vida, entonces mi conciencia debe estar en todo: en la tierra, el agua, el aire y el fuego; y por eso mismo ocupa todo el espacio existente.

Entonces mi Voluntad —representando un poder latente en toda conciencia—, debe llegar a todas partes; y la voluntad del hombre, que es una focalización de mi Voluntad, debe extenderse por todo lado, y por ello mismo la conciencia de todos los organismos —incluyendo la suya propia— está sujeta a la dirección y control del hombre.

Lo único que necesitas es estar consciente de todo esto, darte cuenta de que Yo, el Ser Impersonal, estoy constantemente dirigiendo, controlando y utilizando la conciencia de todos los organismos en cada momento de su vida.

Y estoy haciendo esto por su pensamiento y a través de él.

Realizo todo mediante el organismo del hombre. El hombre cree que piensa. Pero soy Yo, el Yo Real de él, quien piensa a través de su organismo. Y a través de su pensamiento y su palabra, realizo todo lo que el hombre hace, y hago del hombre y su mundo todo lo que son.

No importa si el hombre y su mundo no se parecen a sus creencias. Son exactamente lo que Yo quise que fueran para mi propósito.

«Pero si yo pienso todo, entonces el hombre no piensa ni puede pensar», es lo que probablemente dirán algunos.

Sí, parece un misterio, pero te será revelado cada aspecto si notas cuidadosamente lo que sigue.

Porque Yo voy a enseñarte la verdadera forma de pensar.

CAPÍTULO 6

PENSAR Y CREAR

He mencionado que el hombre no piensa, que en realidad soy Yo, en su interior, quien produce sus pensamientos.

También he dicho que el hombre cree que piensa.

Como esto es una aparente contradicción, debo aclararte que ordinariamente el hombre no practica la actividad de pensar más que otras actividades diarias.

Porque yo, al estar en su interior, hago todo lo que él hace; pero lo hago a través de su organismo, de su personalidad, de su cuerpo, de su mente y de su alma.

Voy a explicarte de qué manera sucede esto.

Primero, recuerda que te hice a mi Imagen y Semejanza, y que tengo mi Ser en tu interior. Incluso si no sabes esto y crees que Yo, Dios, estoy en algún lugar del exterior, y que estamos separados, trata por el momento de imaginar que Yo estoy dentro de ti.

A continuación, sé consciente de que cuando piensas no tienes pensamientos reales, porque no son pensamientos conscientes; eres inconsciente de mí, el Inspirador y Director de cada idea y pensamiento que entra en tu mente.

Por lo tanto, entiende que Yo estoy en tu interior, que eres mi Imagen y Semejanza, y que por eso mismo posees todas mis facultades, como el poder de pensar. Sin embargo, no has sido consciente de que pensar es crear y que es uno de mis Poderes Divinos; de hecho, toda tu vida has estado pensando, pero solo has tenido pensamientos erróneos, o lo que se conoce como pensamiento de error.

Y este error-pensamiento, este no saber que es mi Poder el que has estado utilizando mal, te ha estado separando de mí; a pesar de que todo el tiempo se haya cumplido mi Propósito.

La prueba de todo esto es que crees que estás separado de mí, que vives en un mundo material, que tu cuerpo de carne engendra y alberga placer y dolor, y que una influencia maligna, llamada Diablo, se manifiesta en el mundo, oponiéndose a mi Voluntad.

Sí, realmente crees en la veracidad de todas estas cosas.

Y crees que son ciertas porque para la conciencia mortal del hombre todo lo que se encuentre en su mente es real.

Y también he hecho que estas cosas aparentemente sean verdad y así el hombre crea que son ciertas. Esto con el fin de satisfacer mi propósito, y para cumplir la ley de la creación.

Veamos si esto no es cierto.

Si crees que una cosa es de una forma, ¿no lo es realmente para ti?

¿No es cierto que una cosa te parece real —como algún pecado, alguna pena, problema o preocupación— solo porque tu pensamiento o creencia lo establece de esa forma? Otros podrían ver lo mismo de manera totalmente diferente y podrían pensar que tu visión es incoherente. ¿No es así?

Si esto es cierto, entonces tu cuerpo, tu personalidad, tu carácter, tu entorno y tu mundo son lo que parecen ser para ti, porque tú los has pensado.

Por lo tanto, si es que no te agradan, puedes modificar estos pensamientos siguiendo el mismo proceso; puedes hacer de ellos lo que quieras, ¿no es esto cierto?

Sin embargo, seguramente se preguntarán lo siguiente: «¿cómo se puede pensar de verdad, conscientemente, para provocar este cambio?».

En primer lugar, deben saber que Yo, su Ser Real, conseguí despertar su atención hacia estas cosas que son desagradables y que las piensen como lo hacen ahora; y Yo, y solo Yo, estoy preparando su mente humana para que, cuando vayan hacia mí con Fe y Confianza permanentes, pueda permitirles ver y manifestar la realidad de estas cosas que ahora parecen tan insatisfactorias.

Soy yo quien puede traerte todas las cosas que ayudan a tu mente a completar su búsqueda terrenal, y así enseñarte lo ilusorio que tiene cada apariencia externa de las cosas materiales para la mente humana, y de lo infalible que es el entendimiento humano; para que finalmente te dirijas hacia mí y mi Sabiduría, considerándome como el Único Intérprete y Guía.

Y cuando te dirijas hacia mí, abriré tus ojos y te enseñaré a cambiar tu actitud hacia las cosas que piensas que no son lo que deberían ser, ya que esa es la única manera en que puedes lograr este cambio de pensamiento.

Es decir, si estas cosas te resultan insatisfactorias u odiosas, y te afectan hasta el punto de causarte malestar corporal o perturbación mental, deja de pensar que pueden tener este efecto en ti.

Porque, ¿quién es el amo? ¿Tu cuerpo, tu mente o tú mismo, el YO SOY interior?

Entonces, ¿por qué no demostrar que tú eres el maestro, pensando las cosas verdaderas que el YO SOY de tu interior desea que pienses?

La influencia que tienen estas cosas sobre ti se deben a tus pensamientos. Tú permites que ideas sin armonía ingresen en tu mente y, al hacerlo, les das el poder de afectarte o perturbarte. Cuando dejas de pensar en ellos, y te vuelves hacia mí y me permites dirigir tu pensamiento, desaparecerán inmediatamente de tu conciencia, y se disolverán en la nada.

Cuando estés dispuesto a hacer esto, entonces estarás listo para recibir la Verdad y, mediante el pensamiento consciente adecuado —dirigido por mí—, podrás crear las cosas verdaderas y permanentes que Yo deseo que crees.

Y cuando puedas distinguir lo verdadero de lo falso, lo real de lo aparente, tu pensamiento consciente tendrá la potencia suficiente para crear todas las cosas que deseas, así como anteriormente tu pensamiento inconsciente pudo crear aquellas cosas que una vez deseaste pero que ahora encuentras odiosas.

Porque fue por tu pensamiento inconsciente —o pensamiento inconsciente del control— que tus deseos dominaron tu poder creativo; que tu mundo y tu vida son ahora lo que en algún momento del pasado deseaste que fueran.

¿Has estudiado y analizado alguna vez el proceso de funcionamiento de tu mente cuando aparece una nueva idea?

¿Te has dado cuenta de la relación que existe entre el deseo y esa idea, y de cómo, a través del pensamiento, esa idea se vuelve realidad?

Debemos estudiar esta relación y este proceso.

En todo momento la Idea se encuentra en primer lugar, sin considerar cuándo aparece o bajo qué motivo. Y no importa de dónde venga la Idea, ya sea del interior o exterior; porque siempre soy Yo quien la inspira o provoca que cause una impresión en tu conciencia en el momento adecuado.

Entonces, solo en la medida en que te callas y concentras tu atención en esa Idea, calmando las demás las actividades de tu mente y eliminando todas las demás ideas y pensamientos de tu conciencia —para que esa Idea pueda tener pleno dominio—, ilumino tu mente y hago que se desplieguen las diversas fases y posibilidades contenidas en esa Idea.

Sin embargo, todo esto ocurre sin la intervención de tu voluntad. Lo único que haces es enfocar o concentrar tu atención en la Idea.

Pero ni bien ofrecí a tu mente humana una visión de sus posibilidades —despertando tu interés—, tu personalidad humana asumió su tarea correspondiente; porque así como inspiré la Idea en tu mente, de igual forma hice que esa Idea creciera en ella y diera nacimiento al Deseo, y que por lo tanto se manifestara exteriormente en todas las posibilidades de la Idea, convirtiéndose el Deseo en el agente mortal de mi Voluntad y suministrando el Poder motriz principal. Es así como la personalidad humana es el instrumento mortal utilizado para confinar y enfocar ese Poder.

Todas las ideas y los deseos provienen de mí. Son mis ideas y mis deseos que inspiro en tu mente y en tu corazón para que puedan ser manifestados exteriormente.

No tienes ideas propias y no podrías obtener un deseo que viniera de otro, porque YO SOY todo lo que existe. Por lo tanto, todos los deseos son buenos, y cuando así se comprenden, se cumplen de forma rápida y completa.

Tal vez puedas interpretar erróneamente mis deseos. Probablemente quieras usar mis impulsos interiores para aplicarlos a tus propósitos egoístas. Pero sin importar que ocurra esto, sigues cumpliendo mi propósito. Porque solo permitiéndote hacer mal uso de mis Dones y dándote el sufrimiento que aparece como consecuencia —porque el mal uso y el sufrimiento son mis agentes purificadores—, puedo convertirte en un medio limpio y desinteresado para expresar mis ideas con perfección.

Tenemos, en primer lugar, la Idea en la mente; luego el Deseo de llevar la Idea a la manifestación exterior.

Hasta aquí tenemos clara la relación. Ahora continúa el proceso de realización.

De acuerdo con la definición que la imagen de la Idea mantiene en la mente, y el grado en que posee la personalidad, es posible que su poder creativo, impulsado por el deseo, pueda proceder con su trabajo. Esto lo hace obligando a la mente mortal a pensar o a imaginar en otras palabras, a construir formas mentales en las que pueda verter, como en un vacío, la sustancia Impersonal, elemental y vital de la Idea, la cual, cuando se pronuncia la Palabra —ya sea silenciosa o audible, consciente o inconscientemente—, comienza de inmediato a materializarse, dirigiendo y controlando primero la conciencia y todas las actividades de la mente y el cuerpo, y de todas las mentes y cuerpos conectados o relacionados con la Idea. Recuerda que todas las conciencias, todas las mentes y todos los cuerpos son míos, y que no están separados, sino que son Uno y totalmente Impersonales. La Idea surge y se convierte en una manifestación definida cuando atraes, diriges, das forma y moldeas todas las condiciones y acontecimientos.

De esta manera se puede comprender que detrás de todas las cosas, condiciones y acontecimientos siempre estuvo una Idea en la mente. Fue al desear, al pensar y al hablar la Palabra, que estas ideas se manifestaron de forma visible.

Piénsalo y pruébalo por ti mismo.

Puedes hacer esto, si quieres, tomando cualquier Idea que aparezca y siguiéndola hasta llegar a su realización; o rastreando cualquier hazaña que hayas logrado, cualquier cuadro que hayas pintado, cualquier máquina que hayas inventado, o cualquier cosa o condición particular que exista ahora, para así lograr identificar su idea base.

Este es el plan y el proceso de todo pensamiento verdadero y, por lo tanto, de toda la Creación.

Escucha con atención. Tú tienes ahora —y siempre has tenido a través de este poder de pensar— el dominio sobre todos los reinos de la tierra; y, si lo supieras, ahora, en este preciso momento, solo tendrías que pensar y decir la PALABRA, dándote cuenta de tu poder, y que Yo, Dios, tu Ser Omnisciente, Omnipresente y Omnipotente, conseguirá los resultados y la conciencia de todas las células invisibles de la materia sobre la que tu voluntad y atención se enfocan.

Recuerda que la conciencia expectante es mi conciencia; y que esta comenzará a obedecer y hacer todo exactamente igual a la imagen o los planes que has preparado en tu pensamiento.

Porque todas las cosas fueron hechas por el Verbo, y sin el Verbo nada de lo que existe ha sido creado.

Cuando puedas darte cuenta de esto y reconocer que la conciencia YO SOY en tu interior es una sola junto a la conciencia de toda la materia animada e inanimada, y que su voluntad es una con tu voluntad —que es mi Voluntad—, y que todos tus deseos son mis deseos, entonces comenzarás a conocerme y sentirme en tu interior, y reconocerás el Poder y la Gloria de mi Idea, la cual está expresándose de forma eterna e impersonal a través de ti.

Sin embargo, es totalmente necesario que aprendas cómo pensar, cómo diferenciar los pensamientos que están dirigidos por mí y los que reciben influencia de los demás; cómo rastrear los pensamientos hasta alcanzar su fuente y eliminar voluntariamente de tu conciencia aquellos que son indeseables; y, finalmente, cómo controlar y utilizar tus deseos para que siempre te sirvan, en lugar de que seas un simple esclavo de ellos.

Tienes todas las posibilidades en tu interior. Porque Yo estoy ahí. Mi Idea debe expresarse, y debe hacerlo a través de ti. Se manifestará perfectamente tan solo si tú lo permites; si calmas tu mente humana, pones a un lado todas las ideas personales, creencias y opiniones, y dejas que fluya sin problemas. Todo lo que necesitas hacer es dirigirte hacia mí, y dejarme conducir tu pensamiento y tus deseos, dejarme expresar lo que Yo quiera, aceptando y haciendo lo que Yo deseo que hagas. Y así tus deseos se harán realidad, tu vida se convertirá en una gran armonía, tu mundo un cielo y tu ser se convertirá en uno con mi Ser.

Cuando hayas empezado a darte cuenta de todo esto y logres ver su significado interno, entonces estarás preparado para comprender la verdadera importancia de todo lo que viene a continuación.

CAPÍTULO 7

LA PALABRA

Ahora tomaré la Llave y te mostraré de qué manera el plan y el proceso que acabo de describir sirvieron para que el mundo tuviera existencia, y cómo la tierra y todo lo que hay en ella y sobre ella —incluyéndote a ti y a tus hermanos y hermanas—, no son más que las manifestaciones externas de una Idea, mi Idea, que ahora está siendo pensada en la expresión de la vida.

En primer lugar, deben saber que Yo, el Creador, soy el Pensador Original, el Único Pensador.

Como ya he mencionado antes, el hombre no piensa. Soy Yo quien lo hace a través de su organismo. El hombre cree que piensa, pero antes de que se dé cuenta de mi realización en su interior, toma los pensamientos que Yo atraigo o inspiro en su mente, y —confundiendo su verdadero significado y propósito—, elabora una construcción personal sobre ellos y, a través del despertar de esos deseos egoístas, crea para sí mismo todos sus problemas y atrae todos sus males.

Pero estos errores aparentes, construcciones erróneas o interferencias del hombre son solo los obstáculos que Yo pongo en su camino para que sean superados, para que él sea capaz de poder desarrollar un cuerpo y una mente fuertes y limpios, lo suficientemente capaces para expresar con perfección mi Idea que se encuentra trabajando eternamente al interior de su Alma.

El hombre es el organismo que mi YO SOY prepara para manifestar la perfección de mi Idea. A través de su cuerpo, mente e intelecto proporciona la personalidad por donde puedo expresar perfectamente esta Idea, así como el cerebro físico con el cual puedo pensar y hablar de ella y llevarla a la manifestación externa.

Yo me encargo de colocar en el cerebro del hombre cualquier idea. Y si el hombre lo permitiera y entregara su mente y todos sus pensamientos, su corazón y sus deseos totalmente a mí, esa idea crecería, maduraría y se convertiría rápidamente en una manifestación externa. De esa forma, dejaría que se dé su cumplimiento perfecto.

Ahora plantaré en tu cerebro una idea. Dejaré que crezca, que madure y se convierta en la gloriosa cosecha de Sabiduría que te espera. Esto solo será posible si me permites dirigir su crecimiento y expresión a través de ti.

En otra de mis grandes Revelaciones, llamada la Biblia, se habla mucho de «La Palabra», pero son muy pocas las personas —incluso los más eruditos estudiantes de la Biblia— que pueden comprenden claramente mi significado.

Se dicen cosas como las siguientes: «En el principio era el Verbo, y el Verbo estaba con Dios, y el Verbo era Dios».

«Lo mismo era al principio con Dios».

«Todo fue hecho por él, por el Verbo, y sin él, sin el Verbo, nada pudo haber sido hecho».

Aprenderás cómo era mi Verbo en un principio, cómo era conmigo, y cómo era Yo, mi Ser; cómo todas las cosas fueron hechas por mí y por mi Verbo, y que sin mí y mi Verbo no fue hecho nada de lo que ahora existe.

Para el entendimiento humano, la palabra representa una idea; es decir, encarna, personifica y simboliza una idea.

Tú eres una palabra, un símbolo de una idea. Así como también lo es un diamante, una violeta o un caballo.

Cuando seas capaz de diferenciar la idea que hay detrás del símbolo, entonces conocerás el alma o la realidad de la manifestación que aparece como un hombre, un diamante, un caballo o una violeta.

Por lo tanto, una palabra —tal como se utiliza en la cita anterior— significa una Idea, una Idea latente y sin manifestar; sin embargo, esperando, de una forma u otra, ser expresada, pensada y pronunciada.

El Verbo que se encontraba en el principio y que estaba conmigo no era solo una Idea, sino que era mi Idea, de mi Ser en expresión en un nuevo estado o condición. Eso que ustedes llaman vida terrestre.

Esta Idea era Yo, mi Ser, porque formaba parte de mí, encontrándose latente y sin manifestarse en mí. Era de la sustancia y esencia de mi SER, que es en sí mismo una Idea, la Única Idea Original.

Todas las cosas fueron hechas por mí mediante la acción vitalizada de mi Idea, siendo pensada y hablada en expresión. Absolutamente nada en la vida terrenal ha podido, ni podrá, ser expresado sin tener mi Idea como causa primigenia, como principio fundamental.

Esta, mi Idea, por lo tanto, está ahora en el proceso de desenvolvimiento o de ser pensada en una expresión externa. Algunos lo llaman evolución, parecido al fenómeno de la flor cuando el capullo sale del tallo y finalmente se abre, obedeciendo el impulso de expresar mi Idea oculta en el interior del alma.

De esta forma, desarrollaré y desplegaré todos mis medios de expresión, los cuales representarán mi Idea desde el exterior de sus almas, en toda la gloria de su perfección.

En la actualidad, la naturaleza de estos medios exigen muchos lenguajes de diferentes tipos, desde el más simple al más complejo, compuesto de un número infinito de palabras para poder expresar mi Idea.

Y en el momento en que haya pensado mi Idea por completo —o mis medios de expresión estén perfeccionados—, esta brillará en cada palabra, convirtiendo a cada una en una parte o fase perfecta de mi Idea, todas elegidas y dispuestas de tal manera que serán realmente como una sola palabra, irradiando el significado sublime de mi Significado.

Y a partir de ese momento todas las lenguas se habrán fusionado en una sola, y todas las palabras en una palabra; porque todos los medios se habrán hecho carne, y toda la carne se habrá convertido en una carne, y será el medio perfecto para expresar por completo mi Idea en una palabra, es decir, mi YO.

Y entonces mi SER —ahora capaz de ser expresado por estas palabras perfeccionadas—, brillará a través de su medio de expresión, de las personalidades, de sus cuerpos, mentes e intelectos; y el Verbo se habrá hecho carne, o, en realidad, será la carne.

Lo cual significa que todas las palabras, gracias al poder regenerativo de mi Idea interior, evolucionarán a través de la carne, transmutándola y espiritualizándola, y haciéndola tan pura que la personalidad se limpiará la naturaleza terrestre y alcanzará la expresión Impersonal, permitiendo a que mi SER brille perfectamente y se manifieste con plenitud; juntando todas las palabras y toda la carne en una palabra, en la Palabra, la cual estaba en el principio, y entonces brillará a través de toda la carne creada como si fuera el Sol de Gloria, ¡el Cristo de Dios!

Este es el plan y el propósito de mi Creación, y también de todas las cosas manifestadas.

A continuación se revisará el proceso de mi Creación, o del pensamiento de mi Idea, de mi Ser en la expresión terrenal.

CAPÍTULO 8

MI IDEA

Ahora ya sabes que la Tierra y las cosas que le pertenecen son manifestaciones externas de mi Idea, la cual se encuentra en un proceso de ser pensada y conducida a una expresión perfecta.

Has podido ver que mi Idea es responsable de todas las cosas creadas, y que representa la Causa y la Razón de todas las manifestaciones —incluyéndote a ti y a todos tus hermanos y hermanas—. Todo existe por mí, el Único Pensador y Creador Original.

Ahora trazaremos el curso de esa Idea desde el principio, a través de sus diversas etapas de expresión terrestre, así como el proceso de mi Pensamiento de esa Idea hasta llegar a su estado actual de manifestación.

Si observas cuidadosamente todo lo que sigue a continuación —y me permites dirigir todas tus meditaciones hacia su significado interno—, podrás observar el método para crear cualquier cosa que elijas crear con el pensamiento, así como también la forma en cómo llegaste al Ser y a tu actual estado de manifestación.

Yo, el gran Pensador, concebí mi Idea, en el principio, después de un descanso de eones incalculables, en el amanecer de un nuevo Día Cósmico, cuando la conciencia del Mundo acababa de despertar y la quietud de la noche Cósmica aún prevalecía.

Presencié la Idea de mi Ser manifestándose en una nueva condición, llamada expresión de la Tierra, representada en el espejo de mi Mente Omnisciente. En este espejo observé la Tierra real brillando en el Cosmos, una Esfera perfecta, donde todas las fases infinitas, atributos y poderes de mi Naturaleza Divina se expresaban de forma perfecta a través del medio de Ángeles de Luz, mensajeros vivientes de mi Voluntad, de mi Palabra en la Carne, tal como sucede en el Mundo Celestial de lo Eterno.

Vi a mi Ser manifestándose en el exterior como Naturaleza, y a mi Vida como el Principio vivificante y evolutivo detrás de toda manifestación. Observé el Amor, el Divino Poder Creativo, como la Fuerza animadora y vitalizadora de toda Vida, y mi Deseo de que ese Amor se expresara como la Causa y Razón Potencial y Real del nacimiento de mi Idea.

Pude ver todo esto reflejado en mi Mente, la cual sabe y observa cada cosa existente, su Alma o su Realidad. Por lo tanto, esto que vi representado en mi Mente era la Tierra Real, es decir, su comienzo, su concepción en el ser Cósmico.

Ahora bien, mi Conciencia es la esencia interna de todo Espacio y de toda Vida. Es la verdadera sustancia de mi Mente que comprende e incluye todo, cuyo Centro informador y vitalizador se encuentra en todas partes, y su límite y circunferencia en ninguna. Únicamente en el interior del reino de mi mente puedo vivir, moverme y tener mi Ser. Este contiene y llena todas las cosas, y cada vibración y manifestación son la expresión de alguna fase de mi Ser.

No puedes imaginar el ser sin la expresión. Por lo tanto, Yo, todo lo que es, estoy expresando de forma constante y continua.

Pero, ¿expresando qué?

¿Qué otra cosa podría expresar, si mi Ser es todo lo que es?

Todavía no puedes verme ni comprenderme, pero lograrás hacerlo cuando te inspire una Idea.

Por lo tanto, si YO SOY todo lo que hay, esa Idea —que es directa de mí— debe ser parte o una fase de mi Ser.

Cualquier Idea, una vez nacida en el reino de mi Mente, se convierte en una realidad, porque en la eternidad de mi Ser el tiempo no existe. Contigo, sin embargo, una Idea crea primero Deseo, el deseo de expresar esa Idea; y entonces, el Deseo obliga a pensar, el pensamiento causa acción, y la acción produce resultados —que sería la Idea en manifestación externa real—.

Pero realmente no tengo Deseo, porque YO SOY todas las Cosas, y todas las Cosas son mías. Solo necesito pensar y pronunciar la palabra para producir resultados.

Sin embargo, ese Deseo que sientes en tu interior proviene de mí, porque nace de mi Idea, la cual implanté en tu mente para que pudiera manifestarse a través de ti. Todo lo que deseas soy Yo, llamando a la puerta de tu mente, anunciando mi propósito de manifestar mi Ser en ti o a través de ti en la forma indicada por ese Deseo.

En las personalidades humanas, la Acción necesaria de mi Voluntad que motiva la expresión de mi Idea y la conduce hacia la Manifestación exterior o el Ser se llama Deseo.

La necesidad de expresarse de mi idea o de mi ser es lo que te parece un deseo de expresión en mí.

Por lo tanto, todo deseo real que sientas, todo deseo de tu corazón, proviene de mí y tiene que cumplirse de una forma u otra.

Sin embargo, debido a que no tengo Deseo —porque YO SOY todas las Cosas—, al nacer esta Idea de expresar mi Ser en esta nueva condición, solo tuve que pensar, es decir, concentrar o enfocar mi atención sobre mi Idea y querer que se convirtiera en una expresión, o, como se dice en mi otra Revelación, pronunciar la Palabra Creadora. Después de realizar ello, las Fuerzas Cósmicas de Mi Ser —puestas en vibración por la concentración de mi Voluntad— procedieron a atraer los elementos necesarios de mi Mente, y la concentración de mi Voluntad las hicieron funcionar. Seguidamente, mi Idea como núcleo combinó, formó y moldeó a su alrededor estos elementos, construyendo una forma-pensamiento de un planeta, llenándolo con mi Sustancia Vital —mi Conciencia— y dotándolo de todas las potencialidades de mi Ser.

Pero este acto de pensar produjo una forma-pensamiento vitalizada de un planeta, y su manifestación estaba todavía en un estado nebuloso en el reino del pensamiento.

No obstante, a partir de una forma-pensamiento, el poder de la Idea interior, con Mi Voluntad enfocada en ella, procedió a moldear, formar y solidificar de forma gradual y material los diversos elementos de la Sustancia Vital; hasta que mi Idea finalmente brilló en una manifestación sustancial dentro del mundo de las formas visibles como el planeta Tierra. Este es un medio que está preparado para la expresión viviente y es capaz de contenerme y expresarme.

Este fue el cuerpo material preparado por mi Pensamiento, en donde se encontraba toda la naturaleza potencial de mi Ser, debido a mi Idea interior.

La etapa siguiente consistió en desarrollar y preparar vías o medios a través de los cuales pudiera expresar las múltiples fases, posibilidades y poderes de mi Idea.

Los reinos mineral, vegetal y animal fueron la evidencia externa de ello, y cada uno a su vez, a medida que venían a la manifestación, desplegaban gradualmente estados de conciencia más elevados y complejos que me permitían expresar con claridad las infinitas fases y variedades de mi Naturaleza.

Fue en esta etapa cuando contemplé mi Creación —como se dice en otra Revelación—, y vi que era buena.

Pero aún faltaba el medio de expresión final.

Hasta este punto —mientras cada uno expresaba perfectamente alguna fase de mi Naturaleza—, todos los medios y caminos existentes desconocían mi presencia, y su existencia era como un simple alambre que sirve para conducir calor, luz y poder.

Las condiciones habían avanzado, sin embargo, para la creación de medios por donde mis Atributos Divinos encontrarían una expresión consciente de su relación Conmigo, y de su capacidad y poder para expresar mi Idea.

Fue justamente en ese momento del tiempo que tú y tus hermanos nacieron como expresiones humanas, alcanzando la manifestación como todos los otros médiums, en respuesta a mi Pensamiento concentrado. En este vi toda la variedad infinita de mis atributos, cada uno manifestando alguna fase particular de mi Ser, y siendo consciente de mí, su Creador y Dador de existencia.

Te vi en perfecta expresión, así como te veo ahora: el Verdadero tú, un atributo de mi Ser perfecto.

Porque en realidad tú eres un Ángel de Luz, uno de mis Rayos de Pensamiento, un atributo de mi Ser, dotado con un alma en condiciones terrestres, sin otro propósito —que no es ningún propósito en absoluto, sino una necesidad de mi Ser— que representar la expresión final y completa de mi Idea.

En lo Eterno no hay tiempo, ni espacio, ni individualidad, y solo por el fenómeno del pensamiento —el cual proviene de la mente al mundo de la materia— se producen las ilusiones de tiempo, espacio e individualidad, adquiriendo el pensamiento, o criatura, la conciencia de separarse de su Pensador o Creador.

Fue entonces cuando apareció la primera tendencia a pensar en ti mismo como algo separado de mí. Pero la conciencia completa de separación no se estableció hasta mucho después.

Al principio, cuando entraste por primera vez en la expresión terrestre —obedeciendo al impulso que Yo había enviado a través de mi Pensamiento concentrado—, Tú, uno de mis atributos, rodeaste o vestiste tu Ser con la Idea de mi Ser, como la expresión del atributo particular que tú representabas, siendo tú la fuerza de esa Idea.

En otras palabras, la Idea de mi Ser expresando ese atributo se convirtió en el Alma de tu expresión particular. Pero esa Idea o Alma no eres tú. En realidad tú eres una parte de mí, representando mi Ser expresado a través del medio de ese atributo particular.

Habiendo revestido tu Ser con mi Idea, ella comenzó inmediatamente a atraer hacia sí la Sustancia de pensamiento necesaria para la expresión de ese atributo particular, y a construirlo y darle forma a mi Imagen y Semejanza. De esta manera, se convirtió en un Templo Sagrado, lleno de mi Presencia viviente, y fue habitado por ti, uno de mis Atributos Divinos.

Este Templo, construido a mi Imagen y Semejanza —y compuesto de mi Sustancia de Pensamiento, rodeando y vistiendo mi Idea—, es tu cuerpo real. Por lo tanto, es indestructible, inmortal y perfecto. Es mi pensamiento completo, conteniendo mi Esencia Viviente, esperando el momento en que pueda llegar a la expresión exterior y tomar forma material.

En primer lugar, Yo soy, expresándome como tú, uno de mis Atributos Divinos; en segundo lugar, mi Idea de ti, que eres uno mis Atributos, se expresa en las condiciones de la Tierra o tu Alma; tercero, mi Pensamiento Imaginado de ti, está formando el Templo de tu Alma o tu Cuerpo del Alma, en el cual habitas.

Estos tres componen tu parte Divina o Impersonal, el inmortal tres en uno. Mi pensamiento latente, pero completamente formulado, establecido a mi Imagen y Semejanza, aún sin despertar, y sin tener conexión con tu personalidad humana, que todavía no ha nacido.

CAPÍTULO 9

EL JARDÍN DEL EDÉN

No importa si has logrado entender con claridad lo que acabamos de exponer, no lo descartes como si fuera algo imposible de comprender. Porque en cada línea se esconde un significado que te recompensará en el futuro, cuando seas capaz de aclararlo después de mucho estudio.

Este mensaje es para que seas consciente de la realización de lo que tú eres, de tu verdadero Ser. Tiene la intención de convertirte en alguien consciente de mí, tu Ser Divino, para que nunca seas engañado por ese otro ser, el cual has imaginado como si fueras tú y que durante tanto tiempo te ha atraído alimentándote con sus placeres sensoriales insatisfactorios, sus disipaciones mentales y deleites emocionales.

Pero antes de que suceda eso, será necesario que conozcas con profundidad a ese supuesto otro yo, ese yo que tú creaste y lo consideraste real y separado de mí, y que luego mantuviste vivo dándole el poder de atraerte y engañarte. Sí, ese yo creado por ti mismo, con su orgullo y ambiciones egoístas y su poder imaginario, su amor a la vida, a las posesiones, a ser considerado sabio o bueno; pero ese yo es tu personalidad humana, que apareció para morir como una identidad separada, y que por lo mismo no tiene más realidad o permanencia que una hoja, un copo de nieve o una nube pasajera.

Y te enfrentarás con ese mezquino yo personal, y verás con visión perfecta todo su egoísmo y todas sus vanidades humanas; y entonces aprenderás —si te diriges a mí y me lo pides con simple fe y confianza— que soy Yo, la Infinita Parte Impersonal de ti, que habita en tu interior y te muestra todas las ilusiones de la personalidad, que durante tanto tiempo te han separado en conciencia de mí, tu glorioso y divino Yo.

Toda esta realización sucederá cuando seas capaz de reconocer que este mensaje proviene de mí, y cuando hayas determinado que así sea. A ti, a quien he inspirado con tal determinación, haré desaparecer toda ilusión en el tiempo, y así podrás conocerme en realidad.

El ejercicio de tu mente no te hará daño. Por el contrario, es lo que ella necesita. Porque solo podrás reconocer e interpretar correctamente mi Idea —la cual inspiro desde tu interior— cuando se te presentan ideas como las que te acabo de exponer anteriormente, llegando a ti de forma exterior. Tu mente YO SOY se prepara de esta forma para el USO, y lo hace para que puedas recibir y entregar mi Conocimiento Celestial a aquellos a quienes Yo te traeré para ese propósito.

De tal modo que con una oración hacia mí, tu propio Ser Real, tu DIOS interior, alcanza la verdadera realización. Ahora debemos proceder para que puedas ver la Verdad en estas declaraciones, y en todas las cosas, condiciones y experiencias que puedan venir hacia ti.

Hemos llegado, en el curso de nuestra consideración del proceso de desenvolvimiento de mi Idea, al punto donde el YO SOY de ustedes, manifestándose en su Alma Inmortal, o en la Imagen del Pensamiento creada por mi Pensamiento, se encuentra preparada para ingresar en forma material, una forma adecuada para la expresión terrestre de mis Atributos.

Este cambio de una forma mental a una mortal se produjo de acuerdo a la manera y el proceso de todo pensamiento y de toda creación. En la Biblia se describe de la siguiente manera: «formé al hombre del polvo de la tierra, y soplé en su nariz aliento de vida, y fue el hombre un alma viviente».

El poder vivificante que se encuentra al interior de mi Idea (tu Alma) procedió a atraer hacia ella los diversos elementos de la sustancia vital (polvo), y, átomo por átomo, célula por célula —y a su debido tiempo—, moldeó y dio forma a cada uno en hueso, tejido y órganos, según el modelo de la Imagen del Pensamiento que compone tu Cuerpo del Alma, formando así una cubierta exterior terrenal. Hasta que finalmente tu forma mortal se manifestó al sentido psíquico del mundo exterior.

Y entonces, estando ya todo preparado para este momento cíclico, tú, mi Atributo, soplaste en su interior y luego, a través de sus fosas nasales (desde dentro), el aliento de vida; y, entonces, tuviste tu primera aparición en la tierra como un ser humano tangible. Como un Alma viviente. Mi Idea era capaz de expresarse conscientemente a través de un medio terrestre adecuado. Y poseías en el interior de tu Ser todos mis Atributos, todos mis Poderes y todas mis Posibilidades.

De esta manera se manifestaron todos los medios para lograr la expresión terrestre de mi Idea; y tú, siendo uno de mis Atributos, tenías naturalmente dominio sobre todos estos medios, o poseías el poder de utilizar alguno o todos ellos —si era necesario— para la expresión plena y completa de los poderes y posibilidades de tu Atributo (el cual es mío).

De esta manera —y solo por esta razón—, tú y tus hermanos y hermanas alcanzaron la expresión humana. Pero mientras estabas en forma humana, tu expresión era tan enteramente Impersonal, que —a pesar de que eras consciente de ti mismo—, seguías mirándome enteramente en tu interior en busca de inspiración y guía.

Esta fue la primera condición en la que despertaste cuando entraste en la expresión terrestre. Es lo que se llama el estado edénico o morada en el Jardín del Edén.

Este estado edénico representa la fase celestial de la Conciencia Impersonal, o ese estado en el que tú eras todavía conscientemente Uno conmigo. Ahora estás confinado en un medio de expresión mortal.

No mencionaré ni entraré en detalles para explicarte cómo o por qué se hizo necesario expulsarte del Jardín del Edén. Solo puedo recordarte que el Deseo juega en la expresión de la Tierra, y que tiene una fuerte relación con mi Voluntad; y cómo centra su interés en las cosas externas y te hace olvidarte de mí en tu interior.

Cuando hayas resuelto eso y comprendas algo de mi razón, entonces tal vez puedas entender la necesidad que tuve de hacer que tu conciencia (la de la Humanidad) cayera en un sueño profundo, y permitir que tengas la creencia que habías despertado —aunque en realidad todavía estabas dormido y solo soñando—, y de encontrar que Tu Ser (la Humanidad) ya no era exteriormente uno, sino dos; una parte activa, pensante y agresiva, llamada a partir de entonces hombre, y la otra parte pasiva, sensible y receptiva, un hombre útero o mujer.

Y también existe la necesidad de que alguna influencia terrestre o externa aparezca para atraer tu conciencia de los deleites puramente celestiales y mantenerla en esta nueva condición de sueño, para así desarrollar una mente mortal, que puedas —a través de sus tendencias egoístas naturales— centrarte enteramente en tu misión terrestre de expresión mortal.

De igual manera, se debe conocer que la sabiduría de hacer, a través del Egoísmo, genera su efecto en la parte pasiva, sintiente y receptiva de tu Deseo —que es el agente mortal de mi Voluntad—. Esta parte debería dedicarse, en realidad, a expresar de forma completa y futura todos mis Atributos en la Tierra.

Y, finalmente, está la necesidad de que el Deseo lance su hechizo completo sobre ti (Humanidad), para que tu naturaleza Celestial o Impersonal pueda mantenerse enteramente en suspenso; hasta que, por el uso libre pero ignorante de mi Voluntad, puedas probar y comer plenamente del fruto del llamado Árbol del Conocimiento del Bien y del Mal, y a través del acto de comer puedas aprender adecuadamente a discriminar y conocer su fruto por lo que realmente es. Y de esta forma, adquieras la fuerza para usar el conocimiento de manera sabia y perfecta, aplicándola únicamente en la expresión de mi Idea.

También es posible que ahora puedas entender cómo se abrieron tus ojos (los de la Humanidad) a las cosas terrenales o externas, justo después de comer por primera vez este fruto y aprender a conocer el Bien y el Mal. Y después de conocer el nuevo y tentador mundo que se te abrió, morir al conocimiento de la Realidad que hay detrás de todo ello. De igual manera, para que puedas entender cómo y por qué te diste cuenta de que estabas desnudo —en mente y cuerpo—, y también por qué sentiste miedo.

Y ahora, tal vez, puedas ver por qué todo esto tuvo que pasar así; cuál era la razón para que tú (la Humanidad) tuviste que dejar el estado Edénico de conciencia Impersonal y perder tu Ser en estas condiciones externas retratadas por el Deseo en este Mundo de Sueño, para poder crear un cuerpo y desarrollar en él una conciencia personal o propia capaz de expresar plenamente mi Perfección.

Fue así como nació tu personalidad humana, y desde su aparición te he impulsado a alimentarla, sostenerla y fortalecerla, llenándote de anhelos, esperanzas, ambiciones y aspiraciones, conteniendo cada una de las manifestaciones del Deseo. Estas son las fases humanas de mi Voluntad, operando en la preparación y desarrollo de un medio capaz de expresar perfectamente mis Atributos en la Tierra.

De esta manera, pronuncié el Verbo, te expulsé del Jardín del Edén y te vestí con un «abrigo de piel» o, en otras palabras, con carne, igual que a los demás animales. Y ahora, para que puedas ingresar en el corazón de las condiciones de la Tierra, en la Tierra real, la Tierra de Mi Idea —no la de tu Sueño—, con el fin de acelerar en ella mi Idea hasta la expresión activa de la vida, tú, mi Atributo, debes tener un organismo y una envoltura apropiados para poder manifestarte.

Del mismo modo, al darte un abrigo de piel, o un organismo físico, proporcioné a mi Idea una forma adecuada para la expresión terrenal. Te di el poder de expresar tu Ser, a través de un organismo físico, por medio de las palabras.

En lo Impersonal no hay uso ni necesidad de palabras. Solo las ideas existen y son ellas las que se expresan. Simplemente son, pues representan la expresión de las diversas fases de mi Ser.

Pero en esta nueva etapa, donde cada expresión en los primeros niveles del ser exterior debía tener una forma y sustancia que pudiera ser oída, vista, sentida, olida o saboreada —para que su significado pudiera ser claramente aprehendido—, había que proporcionar organismos capaces de ser utilizados para el doble propósito de expresión y de comprensión.

A medida que mi Idea se desplegaba —después de expulsarte del Edén—, tú, uno de mis Atributos Divinos, habitabas dentro de mi Idea de ese Atributo en expresión, encontrándote al mismo tiempo en el interior de la Imagen del Pensamiento de mi Ser, y, finalmente, manifestándote exteriormente en la forma terrestre de las palabras, cuando impulsado por mi Voluntad bajo la apariencia del Deseo de expresar mi Significado comenzaste rápidamente a «aumentar y multiplicarte».

Y en tu búsqueda de las condiciones más favorables para que se lleve a cabo la manifestación de tus atributos particulares, te extiendes gradualmente sobre la faz de la Tierra, avivando y despertando la Inteligencia dormida en todas las formas de vida, para que se dirijan hacia una expresión más plena y activa de sus fases particulares de mi Idea.

De esta manera, se formaron las diversas Lenguas de la Tierra, cada una conteniendo muchas palabras, y surgidas del Deseo de expresar en términos terrenales las infinitas fases de mi Idea.

Y el fracaso es más grande cuando la mente humana se esfuerza por expresar en palabras mi Idea.

Y con el tiempo aparecerá el Gran Despertar. Todas las palabras son símbolos de una idea, y todas las ideas de cualquier naturaleza no son más que fases de una idea, mi Idea, la que pertenece a mi Ser en Expresión; y todo Deseo de expresar en palabras esa Idea —sin tener la conciencia de que mi Voluntad es la Única fuente de Inspiración— es vano. Y del mismo modo, todo deseo de expresar en actos vivientes esa Idea, sin perder toda conciencia de tu personalidad humana, y centrando tu ser enteramente en mí, es vano e infructuoso, y solo terminará en fracaso, decepción y humillación.

CAPÍTULO 10

EL BIEN Y EL MAL

El árbol que tiene como fruto el Conocimiento del Bien y del Mal crecía en el Jardín del Edén, el lugar donde habitabas antes de que empezarás tu misión terrenal.

Mientras te encontrabas en ese Jardín, aún eras totalmente Impersonal, ya que todavía no habías probado este fruto. Pero después de ceder ante el Deseo —el agente terrestre de mi Voluntad, cuyo principal trabajo era obligarte a comer ese alimento—, y en el momento en que lo comiste, descendiste, o caíste, y fuiste forzado a abandonar tu estado edénico (así como el polluelo deja el cascarón o la rosa el capullo), e ingresaste en condiciones totalmente nuevas y extrañas. Porque ahora, en lugar de tener dominio sobre los reinos inferiores —y que estos te proveyeran de todo lo que necesitabas—, tenías que labrar la tierra para poder alimentarte, y ganarte el pan con el sudor de tu frente.

Pero, habiendo tomado sobre ti esta misión terrenal, ahora se volvió necesario que entraras plenamente en todas las condiciones de la vida terrenal, con el fin de desarrollar una mente y perfeccionar un cuerpo capaz de expresar perfectamente mi Idea en la Tierra. Esa es la verdadera causa y razón de tu entrada en esta nueva condición.

Así pues, después de marcharte de tu estado Impersonal o Edénico, cediste completamente ante la atracción de este Mundo de Sueño, y, permitiendo que el Deseo te dominara por completo, ya no eras capaz de ver la Realidad o Alma de las cosas. Te colocaste un cuerpo físico, una envoltura terrenal con un cerebro humano, que, debido a la influencia del Deseo, actuaba como un velo para tu Conciencia del Alma; y desdibujaba tu vista y nublaba tu mente de tal manera, que la luz de la Verdad no podía ingresar en ella, y todo estaba falsamente coloreado y distorsionado para tu entendimiento humano.

Y veías todas las cosas de forma oscura, como a través de una niebla que lo envolvía todo y que no te permitía ver las cosas en su realidad, sino solo su apariencia brumosa, que ahora, sin embargo, te parecían verdaderas.

Esto sucedía con todo lo que observabas a través de tu vista física, ya sea con las cosas animadas e inanimadas; con todo lo que concebías en tu mente humana, incluso con tu propio Ser y los otros Seres a tu alrededor.

De esta manera, no viendo el Alma de las cosas, sino solo sus sombras nebulosas, llegaste a pensar que estas sombras eran una sustancia real, y que el mundo que te rodeaba estaba compuesto y lleno de esa sustancia.

Pero esta niebla es solo el efecto que produce el hecho de que la Luz de la Verdad es incapaz de ingresar en tu mente humana, cuyo intelecto —como una lente imperfecta— solo empaña y distorsiona todo, y le da una falsa apariencia real, manteniendo tu conciencia ocupada con estas ilusiones de tu Mundo de Ensueño.

Ahora bien, el intelecto es una criatura del Deseo y está totalmente controlado por él, y no es, como muchos suponen, una facultad del Alma. En otras palabras, esta niebla representaba el lente empañado de tu intelecto humano, el cual —debido a que estaba controlado por el Deseo—, retrataba e interpretaba falsamente a tu conciencia cada imagen, idea e impulso que Yo inspiraba desde su interior o atraía desde afuera, durante el proceso de mi despertar de tu conciencia a un reconocimiento de mi Idea interior siempre reclamando por la expresión exterior.

Realicé todo esto a través del Deseo, para conducirte conscientemente al núcleo de las condiciones terrestres.

Y esta falsa visión —inspirada por el Deseo— causó muchos problemas y sufrimientos, perdiendo gradualmente la confianza en tu Ser —en mí, el Impersonal interior—, llegando a olvidarme y a no saber a quién recurrir en tu impotencia. Sin embargo, fue solo a través de la pérdida de la memoria de tu estado Divino, y centrando toda tu conciencia en estas condiciones terrenales, que pude desarrollar tu mente humana, tu voluntad, y todas tus facultades, para así proporcionar a tu cuerpo humano la fuerza y los poderes que me permitirían dar perfecta expresión a mi Idea Divina en la tierra, que es lo que finalmente debe SER.

Y a través de tus errores, problemas y sufrimientos, el Deseo de alivio hizo surgir en tu mente la Idea del Mal, y del mismo modo, cuando estos problemas no lo eran, inspiró la Idea del Bien.

Y atribuías estas cualidades del Bien o del Mal a todas las apariencias de las cosas, según satisficieran o no al Deseo —mi Agente, en la realidad mi Ser humano—; o a ti, en tu personalidad humana.

Sin embargo, todas estas condiciones y experiencias de la vida en las que entraste —y que te parecían buenas al ser agradables, y malas cuando eran desagradables—, solo eran incidentes creados por el Deseo para animar en ti ciertas facultades del Alma que te permitirían reconocer las Verdades que Yo, en mi interior, deseaba resaltar en tu conciencia: el Mal aparente era el aspecto positivo del Fruto del Árbol, que siempre te atraía por su bella apariencia y por la dulzura del primer sabor para comer y disfrutar hasta la saciedad, o hasta que sus efectos dañinos se manifestaban y se convertían en una maldición, trayendo la desilusión final; lo cual servía para volverte o forzarte a volver avergonzado y humillado hacia mí, tu Verdadero Ser, quien, a través de la nueva conciencia despertada, estaba capacitado para extraer la Esencia del Fruto e incorporarla a la sustancia y tejido del Alma.

Y como el Bien aparente era el aspecto negativo del Fruto —el cual había surgido por sí mismo a la expresión a través de tu reconocimiento y obediencia a su impulso—, te permitía disfrutar de sus efectos felices y naturales, y recibir los beneficios externos de mi amorosa inspiración.

Pero este tú, que estaba siendo conducido por el Deseo a través de todas estas experiencias, era solo tu personalidad humana. El tú Real lo estaba entrenando, desarrollando y preparando para que pudiera convertirse en un instrumento perfecto para tu uso en la expresión de mi Idea, buscando manifestar su perfección en la carne.

Y tú hiciste todo esto, obligando a tu personalidad humana a comer y vivir del fruto del Árbol del Conocimiento del Bien y del Mal, hasta que conociste todo el Mal, y por vivir en él y con él, descubriste el germen del Bien, lo arrancaste, lo levantaste y le diste la vuelta. De modo que a partir de ese momento supiste que el Bien y el Mal no tenían existencia real, y que solo eran términos relativos descriptivos de condiciones externas vistas desde diferentes puntos de vista, o que no eran más que diferentes aspectos externos de una Verdad interna central, cuya Realidad era lo que tú buscabas conocer, ser y expresar.

Y así, durante las últimas edades, has estado desprendiéndote gradualmente de cada capa que posee la conciencia humana, disipando la niebla o el espejismo que el intelecto arroja alrededor de tu mente; sometiendo, controlando, espiritualizando y aclarando el propio intelecto. Y ahora estás empezando a despertar y a ver, a través de las capas restantes cada vez más delgadas, destellos de mi presencia, la única Gran Realidad dentro de todas las cosas.

Pero todo este tiempo, tú, el Omnisciente, el Impersonal YO SOY de tu interior, estabas haciendo todo esto a conciencia. Y no tenías el propósito de obtener el simple conocimiento de las condiciones y las cosas terrestres —como tu Intelecto ha proclamado de forma tan ruidosa y autoritaria—, sino para que pudieras cosechar lo que habías sembrado en tiempos anteriores, y así pudieras manifestar mi Idea Perfecta en la Tierra, incluso como la estás manifestando ahora en el estado Impersonal, que es tu hogar celestial.

Y recuerda en todo momento que eres el gran yo Impersonal, quien está haciendo todo esto, cambiando continuamente en apariencia externa, y que en el interior es eternamente el mismo.

El flujo interminable de las estaciones —la primavera, con su siembra atareada; el verano, con su maduración cálida y reposada; el otoño, con su cosecha abundante; el invierno, con su abundancia fresca y apacible; y así año tras año, vida tras vida, siglo tras siglo, edad tras edad— son únicamente la exhalación y la inhalación de mi Idea cuando la inspiro a través de la Tierra y a través de ti, mi Atributo, y a través de todos mis otros Atributos, durante el proceso de expresar exteriormente la perfección de mi Naturaleza.

Y lo hago a través de ti, porque tú eres mi expresión, porque solo a través de ti, mi Atributo, puedo expresar mi Ser, es decir, puedo ser. YO SOY porque tú eres. Tú eres porque YO

ESTOY expresando mi ser.

YO SOY en ti así como el árbol del roble tiene una relación con la bellota. Tú eres yo como los rayos solares es al Sol. Tú eres una de mis fases en expresión. Tú, uno de mis Atributos Divinos, estás tratando de expresar mi perfección a través de tu personalidad mortal.

De igual manera como un artista ve en su mente la perfección del cuadro que quiere pintar y se encuentra con la dificultad de llevar a cabo sus deseos por la insuficiencia del pincel y el color, así también tú me observas en el interior de tu Ser, y sabes que somos Uno, pero siempre encuentras un límite para expresarme bien debido a la imperfección del material terrenal de tu personalidad humana, con su cuerpo animal, su mente mortal y su intelecto egoísta.

Sin embargo, yo creé tu cuerpo, tu mente y tu intelecto, para expresar mi Ser a través de ti. El cuerpo lo hice a imagen de mi Perfección; la mente te la di para informarte de mí y de mis obras; te entregué el intelecto para interpretar mi Idea tal como yo la inspiraba a la mente. Pero has estado tan distraído por las fases humanas de este cuerpo, mente e intelecto, y sus usos externos, que te has olvidado de mí, la Única Realidad interior, cuya naturaleza divina está siempre tratando de expresarse a través de ti.

Sin embargo, con el tiempo llegará el momento en que los usos externos ya no representarán una distracción, y mi realidad se te revelará en toda la gloria de su perfección.

Pero tú, cuando revele mi Ser, no serás más bienaventurado que antes, a no ser que aquello que he revelado se convierta en el Pan de Vida para ti, y tú vivas y manifiestes la Vida que revela.

CAPÍTULO 11

UTILIZACIÓN

Ahora bien, he decidido no mostrar de forma completa el cómo y el porqué de todas estas cosas. He reservado para ustedes —cuando me lo pidan y sean capaces de recibirlo—, la inspiración dentro de una visión mucho más amplia del desenvolvimiento y desarrollo de mi Idea Divina y de su expresión final perfeccionada.

Si yo tuviera la intención de decirte el significado real de mis manifestaciones —antes de que fueras conscientemente capaz de experimentar su Verdad—, no creerías mis palabras ni podrías comprender su aplicación y usos internos.

Por lo tanto, a medida que comience a despertar en ti la comprensión de que YO ESTOY en tu interior, y logre que tu conciencia humana se convierta en un canal Impersonal a través del cual yo pueda expresarme, te revelaré de forma gradual la realidad de mi Idea, borrando una a una las ilusiones que me han ocultado de ti, permitiéndome así manifestar a través de ti mis Atributos Celestiales en la tierra, alcanzando toda su perfección humanamente Divina.

Te he presentado apenas un atisbo de mi realidad, pero solo

en la medida en que todo esto sea claro se te abrirán más cosas y serán más maravillosas de lo que ahora te parecen.

Mi Idea interior, cuando finalmente brille de forma completa través de la carne, te obligará a adorarme y glorificarme por encima de todo lo que tu mente e intelecto humanos conciben ahora como Dios.

Pero antes de que puedas ser consciente de todo esto y comprenderlo, tú y tu personalidad humana deben hacer posible que Yo lo revele, volviéndote hacia mí como la Fuente Única, presentándome una medida vacía de yo, y con la mente y el corazón tan sencillos y confiados como los de un niño pequeño.

Solo en ese instante, cuando no quede nada de la conciencia personal que impida que yo te llene hasta rebosar con la conciencia de mí, podré señalarte las glorias de mi Significado Real, para el cual todo este mensaje no es sino la preparación externa.

Sin embargo, ha llegado el momento de que comprendas algo de este tema. Se ha revelado lo suficiente para que estés preparado y reconozcas mi voz que habla en tu interior.

Por lo tanto, ahora actuaré como si fueras plenamente consciente de que YO ESTOY en tu interior, y que estas Verdades que expreso son para imprimir con más fuerza en tu conciencia aquellas fases de mi Idea que no pudiste recibir de forma directa.

Lo que aquí se te presenta como Verdad es, por consiguiente, una confirmación de lo que mi Idea ha estado luchando hasta ahora por expresar desde adentro.

Deja pasar todo aquello que no te atrae y que no reconoces como tuyo, pues eso significa que todavía no deseo que lo recibas.

Sin embargo, cada Verdad que expreso aquí seguirá

vibrando hasta que llegue a las mentes que he avivado para recibirla; porque cada palabra está llena del potente poder de mi Idea. Las mentes que perciben la Verdad oculta en ella —siendo esta Verdad una realidad viva— son dignas y capaces de expresar mi Idea.

Como todas las mentes son fases de mi Mente Infinita, o partes de ella manifestándose en diferentes formas de naturaleza mortal, al hablar por medio de estas páginas lo que hago en realidad es hablarle a mi Ser mortal, pensando con mi Mente Infinita e impulsando mi Idea a la expresión terrenal.

En poco tiempo obtendrás mis pensamientos y serás consciente de que YO SOY el que habla directamente a tu conciencia humana, y entonces ya no tendrás que recurrir a este libro o a cualquier otra de mis revelaciones externas —ya sean habladas o escritas— para poder percibir mi significado.

Pues, ¿no estoy Yo dentro de ti? ¿No soy tú, y no eres tú Uno conmigo? ¿No vivo y me expreso a través de la conciencia de todas las mentes, conociendo todas las cosas?

Todo lo que te queda por hacer es entrar en la Plena Conciencia de mi Mente y permanecer allí conmigo, así como Yo permanezco dentro de mi Idea en tu mente. Y harás esto cuando todas las cosas sean tuyas, como ahora son mías, siendo la expresión externa de mi Idea, y existiendo debido a la conciencia que les di cuando las pensé en un primer momento.

Solo es una cuestión de conciencia, de tu pensamiento consciente. Estás separado de mí solo porque crees que lo estás. Tu mente es únicamente un punto focal de mi Mente. Si lo supieras, lo que llamas tu conciencia es mi conciencia. No puedes realizar nada, ni siquiera puedes pensar, respirar o existir sin que mi conciencia esté en ti.

Por lo tanto, debes creer que tú eres Yo, que nosotros no

estamos separados, que no podríamos estarlo; porque somos UNO. Yo dentro de ti, y tú dentro de mí. Piensa que es así. Imagínatelo decididamente así. Y entonces, en verdad, en el momento en que seas consciente de ello, estarás conmigo en el Cielo.

Eres lo que crees que eres. Nada en tu vida es real o tiene algún valor para ti si tu pensamiento y creencia no le otorgan ese valor.

Por lo tanto, no pienses que estás separado de mí, y permanece conmigo en el Reino Impersonal, donde todo poder, sabiduría y amor —la triple naturaleza de mi Idea— esperan expresión a través de ti.

Ahora bien, he hablado mucho de esto, y aparentemente lo he dicho más de una vez, pero utilizando palabras diferentes. Sin embargo, he realizado esto a propósito, para que puedas comprender mi Divina Impersonalidad, que es en realidad tu Impersonalidad.

He repetido y continuaré repitiendo muchas Verdades, y puede que pienses que es tedioso e innecesario; pero si lees con cuidado descubrirás que cada vez que repito una Verdad siempre añado algo a lo que ya se ha dicho, y que la impresión en tu mente se hace más fuerte y duradera.

Si es así, mi propósito se ha cumplido, y pronto llegarás a la realización del Alma de esa Verdad.

Pero si no recibes esa impresión y sigues pensando que la repetición es una pérdida inútil de palabras y de tiempo, debes ser consciente de que tu intelecto solo está leyendo, y que has perdido por completo mi verdadero significado.

Tú, sin embargo, que sí puedes comprender, amarás cada palabra, y leerás y releerás muchas veces, y por lo mismo obtendrás todas las maravillosas perlas de Sabiduría que tengo reservadas para ti.

Y posteriormente, este libro y su mensaje significarán para ti una simple fuente de inspiración, o una puerta a través de la cual podrás ingresar en el estado Impersonal y mantener una dulce comunión conmigo, tu Padre en el Cielo, y así te enseñaré todas las cosas que deseas saber.

He estado representando el estado Impersonal desde muchos puntos de vista, con el fin de que te resulte familiar y puedas distinguirlo de todos los estados inferiores, y aprendas a ingresar en él de forma consciente y libre.

Y cuando puedas estar conscientemente en ella —de modo que mis Palabras encuentren siempre alojamiento y comprensión en tu mente—, entonces te permitiré utilizar ciertas facultades que han ido despertando en tu interior. Estas facultades te permitirán ver mejor la realidad de las cosas, no solo las hermosas y encantadoras cualidades en las personalidades de los que te rodean, sino también sus debilidades, defectos y carencias.

Pero la razón por la que se te permite ver estas faltas y defectos no es para que critiques o juzgues a tu hermano, sino para despertar en ti la resolución definitiva de superar y suprimir esas faltas y defectos en tu propia personalidad. Porque no te darías cuenta de ellos en los demás si no estuvieran en ti mismo, y yo, en tu interior, no necesitaría llamarte la atención sobre ellos.

Como todas las cosas son para usarlas, y solo para eso, debemos estudiar el uso que has hecho hasta ahora de otras facultades, dones y poderes que te he otorgado.

Debes ser consciente de que ya te he dado todas las cosas. Todo lo que tienes o eres, sea bueno o malo, bendición o sufrimiento, éxito o fracaso, riqueza o carencia, te lo he dado o atraído. Y todo ello para que puedas reconocerme como el Dador.

Sí, todas las cosas que posees tienen su uso. Y si no eres consciente de ese uso, es solo porque aún no puedes reconocerme como el Dador.

Y no podrás hacerlo de forma honesta hasta que sepas que YO SOY el Dador. Tu personalidad, de hecho, se ha concentrado tanto en tratar de deshacerse o cambiar muchas de las cosas que Yo te había dado por otras cosas que pensabas que eran mejores, que ni siquiera podías soñar y mucho menos reconocerme a mí, tu Propio Ser, como el Dador.

Probablemente ahora me reconozcas como el Dador, como la Esencia Interna y Creador de todas las cosas en tu mundo y en tu vida, incluso de tu actitud actual hacia estas cosas.

Ambas son partes de mi obra, ya que son las fases externas del proceso que YO ESTOY utilizando en la expresión de mi Idea de tu Perfección interior. Además, esta se desarrolla gradualmente desde tu interior.

A medida que seas más consciente de esto, se te revelará el verdadero significado y uso de las cosas, así como de las condiciones y experiencias que te envío. Porque entonces comenzarás a vislumbrar mi Idea Interior, y cuando lo hagas, me conocerás a mí, tu propio Ser Real.

Pero antes de que puedas conocerme, debes aprender que todas las cosas que te doy son buenas, y que son para darles un uso, mi uso, y que tú no posees ningún interés o derecho real sobre ellas, y que no representan ningún beneficio real para ti, solo en la medida en que les des tal uso.

Tal vez me encuentre expresando a través de ti bellas sinfonías de sonido, color o lenguaje, que se manifiestan como música, arte o poesía —según la terminología mortal—, y que produce que los demás te aclamen como uno de los grandes hombres del momento.

Yo puedo estar hablando a través de tu boca o inspirándote

a escribir verdades hermosas, las cuales pueden conseguirte muchos seguidores, quienes te aclaman como el más maravilloso predicador o maestro.

Puedo incluso sanar diversas enfermedades a través de ti, expulsar demonios, hacer que los ciegos vean y los cojos anden, y realizar otras obras maravillosas que el mundo denomina «milagros».

Soy capaz de hacer todo esto a través de ti, pero ningún beneficio te pertenece, a menos que uses y apliques estas armonías de sonido en cada una de tus palabras, para que todos los oyentes las consideren como la dulce música del cielo; y a menos que tu sentido del color y la proporción se manifieste de tal manera en tu vida que solo fluyan de ti pensamientos amables, edificantes y útiles, demostrando que el único arte verdadero es el de ver claramente mi Perfección en todas mis expresiones humanas, y de permitir que el poder vivificante de mi Amor se derrame a través de ti en sus corazones, representando a su visión interna mi Imagen oculta.

De la misma manera, ningún crédito se adhiere a ti. Sin importar las maravillosas Verdades que Yo diga o las obras que Yo realice a través de ti, es más importante que tú vivas estas Verdades diariamente, a cada hora; y hagas que estas obras sirvan como un constante recordatorio de mí y de mi Poder, el cual derramo libremente para ti, mi Amado, así como para todos.

A ti, a quien aparentemente no te he dado ninguno de esos dones y que te consideras indigno y con poca capacidad para servirme de esa manera, te diría lo siguiente:

Solo en la medida en que me reconozcas verdaderamente en tu interior y busques servirme con seriedad, te utilizaré, no importa cuál sea tu personalidad, tus defectos, tus tendencias o debilidades.

Sí, haré que incluso tú, que buscas servirme de esa forma, realices muchas cosas maravillosas para que tus hermanos me reconozcan. Haré que incluso influyas o impactes en las vidas de muchos de aquellos con quienes tienes contacto, inspirándolos y elevándolos a ideales más elevados, cambiando su forma de pensar y su actitud hacia sus semejantes y, por tanto, hacia mí.

A todos ustedes que buscan servirme, sin importar cuáles sean sus dones, los convertiré en una fuerza vital para el bien en la comunidad, alterando su modo de vida, inspirando y moldeando sus ambiciones y aspiraciones, y, en conjunto, convirtiéndose en una influencia productiva en medio de las actividades mundanas donde los colocaré.

Sin embargo, tú no sabrás nada en ese momento. Incluso puedes estar anhelando servirme, y estar hambriento de una conciencia más íntima de mí, pensando que no estás haciendo nada, que todavía estás cometiendo muchos errores y fracasando en vivir de acuerdo a tus ideales más elevados. No te das cuenta de que este anhelo y hambre es el camino a través del cual Yo derramo mi Fuerza Espiritual, y que al ser totalmente Impersonal, es usada por ti, inconsciente de que Yo estoy en tu interior usándola, para llevar a cabo mi Propósito en tu corazón y vida, y en los corazones y vidas de mí y de tus otras personalidades interiores.

Y así, a medida que finalmente crezcas en la realización de todo esto —como seguramente lo harás—, y pruebes mediante la práctica de todo lo que tienes a mi servicio, te daré la fuerza y la habilidad consciente para usar Impersonalmente mi Poder, mi Sabiduría y mi Amor, en la expresión de mi Idea Divina, que eternamente se encuentra esforzándose por manifestar su perfección.

Por lo tanto, pronto verás que tu personalidad humana, con todas sus facultades, poderes y posesiones —que en realidad son míos operando y manifestándose a través de ti—, está allí para mi uso, y que el verdadero éxito y satisfacción nunca pueden encontrarse sino es en ese uso.

Porque él desarrolla, como la semilla plantada hace crecer la cosecha, la capacidad de utilizar conscientemente todas mis facultades espirituales en la perfecta expresión final de mi Idea, que solo puede expresarse a través de tu personalidad humana.

CAPÍTULO 12

ALMAS GEMELAS

Ahora debemos examinar algunas de las cosas que te he ofrecido, especialmente aquellas en las que tienes dificultades para reconocerme como Dador.

Tal vez no consideres adecuada la posición que ocupas ahora en la vida para expresar mi Idea que surge dentro de ti.

Si es así, ¿por qué no dejas ese puesto y pasas al que tú elijas?

El simple hecho de que puedas hacer esto o no es la prueba de que en este momento tal posición es la más adecuada para despertar en ti ciertas cualidades necesarias para lograr mi perfecta expresión. Yo, tu propio Ser, te obligo a permanecer en ella, hasta que puedas reconocer mi Propósito y Significado oculto en el poder que tal posición tiene para perturbar tu paz mental y mantenerte insatisfecho.

Cuando reconozcas mi Significado y decidas hacer de mi Propósito tu propósito, entonces te daré la fuerza para salir de esa posición e ingresar en una más alta.

Tal vez piensas que el marido o la mujer que te he dado no es lo suficientemente adecuado para ti o no es capaz de ayudarte a alcanzar tu despertar «espiritual», representando solo un obstáculo y perjuicio. Y puede que incluso estés contemplando la posibilidad de dejarla o deseando poder abandonarla y cambiarla por otra que simpatice y se una a ti en tus aspiraciones y búsquedas, y, por lo tanto, esté más cerca de tus ideales.

Si lo deseas, puedes huir de mi primera elección, pero debes saber que no puedes escapar de tu propia personalidad. En esa búsqueda egoísta de una pareja «espiritual», existe la posibilidad de atraer a alguien que te obligará a una búsqueda diez veces más larga y difícil entre las ilusiones de la mente, antes de que puedas despertar de nuevo a la conciencia de mi Voz que habla en tu interior.

Porque una pareja comprensiva y apreciativa solo alimentaría en ti el orgullo personal y el deseo egoísta del poder «espiritual»; y, por lo mismo, desarrollaría el lado egoísta de tu naturaleza. Mientras que, por otro lado, una pareja antipática te obligaría a retroceder sobre ti mismo y dirigirte hacia tu interior, donde yo habito.

Del mismo modo, una pareja cariñosa, confiada y complaciente solo despertaría el egoísmo y el engreimiento, sin encontrarte todavía en la conciencia de mi Amor Impersonal; mientras que una pareja tiránica, desconfiada y regañona proporciona la disciplina del alma que aún necesitas, enseñándote el valor de la oposición y el autocontrol.

En realidad, el que está asumiendo el papel de tu actual pareja es un Ángel del Cielo, como lo eres Tú, uno de los Atributos de mi Ser Divino. Este se encuentra presente en tu camino para enseñarte mediante la dominación y la oposición, el egoísmo extremo y la falta de bondad, las cuales son las sombras de cualidades en ti que la Luz de Mi Idea interior — brillando a través de tu personalidad nublada— arroja sobre el Alma de tu pareja, oscureciéndola, encadenándola, atándola a su personalidad, al mismo tiempo que magnifica y distorsiona estas sombras de cualidades en la personalidad para que se levanten audazmente, presumiendo el poder que tienen para perturbarte y acosarte. Además, te enseñan que solo cuando hayas purgado tu propia personalidad de estas cualidades para que mi Santo Amor pueda expresarse, podrás liberarte de las condiciones que ahora te están causando tanta perturbación de la mente e infelicidad del Alma.

Esta Alma apenada y encadenada, este Ángel del Cielo, esta otra parte de mi Ser y el tuyo, ha venido a ti y está batiendo sus alas contra la jaula enrejada de su personalidad que tú mantienes cerrada. Y en todo momento está anhelando y esforzándose por expresar a través de ti el Amor Impersonal, el tierno y reflexivo cuidado por los demás, el equilibrio de la mente y la paz del corazón, el tranquilo y firme dominio de sí mismo, los cuales son los únicos capaces de romper los grilletes y abrir las puertas. No será posible que encuentres y reconozcas el Ideal que buscas hasta que puedas ver esta Alma en toda su belleza divina, aunque ahora se encuentre enferma y debilitada por culpa esta esclavitud terrenal.

Porque ese Ideal no existe fuera, en alguna otra personalidad, sino solo en tu interior, en tu Contraparte Divina, que soy Yo, tu Yo Superior Inmortal. Y únicamente mi Idea de esto, tu Ser Perfecto, luchando por expresarse y manifestarse a través de tu personalidad, es lo que te permite ver las aparentes imperfecciones en la pareja que te he dado.

Sin embargo, llegará el momento en que dejes de buscar el amor y la simpatía en el exterior —así como el aprecio y la ayuda espiritual—, y te dirijas hacia mí en tu interior, para que estas aparentes imperfecciones desaparezcan; y verás en este compañero el reflejo de cualidades como el amor desinteresado, la gentileza, la confianza y un esfuerzo constante por hacer feliz al otro. Y todo esto brillará continuamente desde tu propio corazón.

Probablemente sea difícil para ti creer en todo esto y sigas cuestionando que Yo, tu propio Ser, sea el responsable de tu actual posición en la vida, o que Yo haya sido el responsable de elegir para ti a tu actual pareja.

Si es así, es bueno que realices todas las preguntas posibles hasta que todo se aclare.

Pero recuerda, Yo hablaré con mayor claridad desde el interior, por lo que debes confiar en mí cuando busques ayuda. Porque Yo siempre reservo mis más santos secretos para aquellos que se dirigen a mí con una fe profunda y permanente. Yo puedo satisfacer ahora y en el futuro todas sus necesidades.

A ti, sin embargo, que aún no puedes hacer esto, te digo lo siguiente: si tu propio Ser no te colocó aquí ni te proporcionó esta pareja, ¿Por qué entonces estás aquí? ¿Por qué tienes esta pareja?

¡Piensa!

Yo, el TODO, el Perfecto, jamás me equivoco.

«Sí, pero la personalidad lo hace», dices. Y la personalidad eligió a este compañero, y tal vez no se ha ganado una mejor posición.

Pero, ¿qué cosa o quién causó que la personalidad eligiera esta en particular y ganara esta posición en la vida? ¿Y quién eligió y colocó a este donde así podía elegir, y quién hizo que naciera en este país de todos los países y en esta ciudad de todas las ciudades del mundo en este momento concreto? ¿Por qué no en otra ciudad y cien años después? ¿Tu personalidad hizo todas estas cosas?

Debes responderte a ti mismo con la verdad y satisfactoriamente, y aprenderás que Yo, Dios, tu propio Ser, hago todas las cosas que tú haces, y las hago bien.

Las realizo mientras expreso mi Idea, que siempre busca

manifestarse en forma externa como Perfección a través de ti, quien es mi Atributo viviente, tal como es en lo Eterno, en el interior.

En cuanto a tu verdadera «Alma Gemela» —que te han hecho creer que debe estar esperándote en alguna parte—, deja de buscarla; porque no existe en el mundo exterior, en algún otro cuerpo, sino dentro de tu propia Alma.

Porque todo aquello que está en tu interior, y que clama por ser completado, es solo el sentido que tienes de mí, anhelando reconocimiento y expresión. Yo soy tu propia Contraparte Divina, la parte Espiritual de ti, tu otra mitad, a la cual y solo a la cual debes estar unido, antes de que puedas terminar aquello que viniste a expresar a la Tierra.

Puede que todo esto sea realmente un misterio para ti, ya que todavía no estás unido en conciencia con tu Ser Impersonal; sin embargo, no dudes de venir a mí en completa entrega, y lo único que debe importarte es la unión conmigo. Yo te revelaré las dulzuras del Éxtasis Celestial que durante tanto tiempo he guardado para ti.

CAPÍTULO 13

AUTORIDAD

A todos los que todavía tienen el deseo de leer libros, pensando encontrar en ellos una explicación para los misterios que ahora ocultan el sentido de las expresiones terrenales de mi Idea, les digo lo siguiente:

Está bien que busques en el plano exterior, siguiendo los impulsos que te envío y las interpretaciones que los demás realizan sobre el sentido que mi Idea expresa a través de ellos. Yo haré que esa búsqueda te sea útil, aunque no de la manera que imaginas.

Incluso está bien que busques la Verdad que deseo expresarte en enseñanzas antiguas, en filosofías y religiones —incluso en las de otras razas y otros pueblos—, pues incluso esa búsqueda podría ser útil.

Pero llegará el momento en que te darás cuenta de que los pensamientos de otras mentes y las enseñanzas de otras religiones —por muy verdaderos y hermosos que sean—, no son lo que pretendo para ti. Yo te he reservado pensamientos y enseñanzas que son tuyos y solo tuyos, y que te daré en secreto, cuando estés preparado para recibirlos.

Y cuando llegue ese momento —como inevitablemente sucederá—, cuando te sientas insatisfecho con tu búsqueda en las enseñanzas de las diversas religiones, filosofías y cultos que ahora te interesan, y te desanimes al no estar más cerca del logro de los poderes y del crecimiento espiritual supuestamente poseídos por los escritores de los libros, los maestros de las filosofías y los promulgadores de las religiones, solo en ese momento te mostraré que, aunque todos estos libros, enseñanzas y religiones fueron originalmente inspirados por mí — y han hecho y siguen haciendo su parte en la vivificación de muchos corazones—, es mejor para ti que dejes de mirar a cualquier autoridad externa, y en su lugar concentres tu estudio en mi Libro de la Vida, guiado e instruido por mí en tu interior. Si haces esto con seriedad y verdad, descubrirás que te he escogido a ti para ser el Sumo Sacerdote de una religión, cuya gloria y grandeza serán como la luz del Sol.

De igual forma, te darás cuenta de que las religiones antiguas fueron otorgadas a mis pueblos pasados, y que las religiones de otras razas son para mis pueblos de esas razas, y que por esa razón ninguna de ellas te pertenece; a pesar de que Yo te las traje y te mostré muchas cosas maravillosas en ellas que te inspiraron a realizar una búsqueda más decidida.

Sin embargo, te digo que estas son cosas del pasado y no tienen ninguna relación contigo. Ha llegado el momento, si puedes verlo, en que debes desechar todo el conocimiento acumulado, todas las enseñanzas, todas las religiones, toda autoridad —incluso mi autoridad, tal como se expresa en esta y en otras revelaciones exteriores—; porque he hecho que despiertes a la conciencia de mi Presencia interior, al hecho de que toda autoridad, enseñanzas y religiones, procedentes de cualquier fuente exterior —no importa cuán elevadas o sagradas sean—, ya no pueden tener ninguna influencia sobre ti, solo en la medida en que se convierten en un medio para acercarte a mí.

Por lo tanto, ¿por qué buscar la ayuda y la guía en las cosas del pasado como la religión, el conocimiento humano o las experiencias de otros? Solo yo puedo ofrecerte lo necesario.

Olvida todo lo anterior. Lo pasado, muerto está. ¿Por qué cargar tu alma con cosas inservibles?

Solo en la medida en que te aferras a cosas pasadas, sigues viviendo en el pasado, y no puedes tener nada que ver conmigo. Yo habito en el ahora, siempre presente, el Eterno.

Solo en la medida en que sigues actos o experiencias pasadas, religiones o enseñanzas, tendrás la visión de tu alma nublada, ocultándome de ti, y te impedirán que me encuentres. Pero todo esto cambiará cuando te liberes de su influencia y des un paso hacia tu interior, hacia la Luz de mi Conciencia Impersonal, que no reconoce limitaciones e ingresa hasta la realidad infinita de todas las cosas.

De igual forma, el futuro no te concierne. Quien mira al futuro para alcanzar su perfección final está encadenado al pasado y nunca podrá liberarse. Debe hacer que su mente deje de estar absorta en las consecuencias de sus actos, y me reconozca como su único Guía, otorgándome toda la responsabilidad.

Tú, que eres uno conmigo, eres perfecto, y siempre lo fuiste. No conociste la juventud ni la vejez, ni el nacimiento ni la muerte.

Tú, el Perfecto, no tienes nada que ver con lo que ha sido o lo que será. Solo te importa el eterno AHORA. Lo único que te concierne es lo que confrontas inmediatamente: cómo expresar perfectamente mi Idea aquí y ahora en la condición en que te he colocado a propósito para tal expresión.

Una vez hecho esto, ¿por qué no dejarlo atrás, en lugar de

arrastrarlo contigo, cargando tu mente y tu alma con consecuencias que son como cáscaras vacías de las que has extraído la carne?

Todo esto se aplica a la reencarnación. Hay muchas mentes que creen en ella.

¿Qué tienes tú, el Perfecto, el Eterno, que ver con encarnaciones pasadas o futuras? ¿Puede lo Perfecto aumentar su perfección? ¿O el Eterno salir de la eternidad o volver a ella?

YO SOY, y tú eres UNO Conmigo, y siempre lo has sido, y siempre lo serás. El YO SOY de ti se encuentra y reencarna en TODOS los cuerpos, con el único propósito de expresar mi Idea.

La humanidad es mi cuerpo. Allí vivo, me muevo y tengo mi Ser, expresando la Luz Gloriosa de mi Idea a través de mis Atributos, cuyo Resplandor Celestial a la visión humana es atenuado y distorsionado por las facetas nubladas e imperfectas del intelecto humano.

Yo y tú, que eres Uno Conmigo, nos reencarnamos en la Humanidad, así como el roble se reencarna en sus hojas y en sus bellotas, estación tras estación, y en los mil robles que nacen de sus miles de bellotas y de sus robles, generación tras generación.

Sin embargo, me dices que recuerdas tus vidas pasadas.

¿Estás seguro?

Muy bien, ¿y si en realidad es así? Que te haya permitido vislumbrar la realidad de una de mis expresiones pasadas —para que puedas comprender mejor mi significado— no es ninguna garantía de que tú hayas sido mi vía de esa expresión.

Pues, ¿no me expreso a través de todas las vías? ¿Y tú conmigo no somos la Vida y la Inteligencia de toda expresión, sin importar el carácter, la edad o la raza?

Pero si te resulta agradable creer que fuiste realmente esa expresión, está bien, haré que esa creencia te beneficie; pero solo en la medida en que te sirva para prepararte y estar listo para la gran realización que vendrá después.

Mientras tanto, estás encadenado. Tu personalidad, con sus deseos y su búsqueda egoísta, se encuentra atada de pies y manos al pasado, y solo mira hacia el futuro para su liberación. Hace esto después del desgaste final de todas las consecuencias de sus actos. La falsa creencia en el nacimiento y la muerte domina tu mente e intelecto, ya que te obliga a creer que es tu único camino hacia la emancipación final y la unión conmigo. Además, impide la realización de nuestra Eterna y siempre Constante Unidad, y no deja que puedas liberar a tu Ser en cualquier momento que quieras.

Solo la personalidad nace y muere, y es la única que busca y se esfuerza por prolongar su estancia en el cuerpo y en la vida terrenal, para luego volver a otros cuerpos.

Solo estás atado a esta personalidad por las creencias y opiniones que he colocado a través del tiempo, las cuales han mantenido ocupada a tu mente humana; y solo cuando puedes elevarte en la realización de tu Divina Inmortalidad, Omnipotencia e Inteligencia, y puedes desechar todas las creencias y opiniones personales, podrás liberar a tu Ser de esta relación pervertida, y así lograrás asumir tu verdadera posición como maestro y rey, como Uno Conmigo, sentado en el Trono del SER, obligando a la personalidad a tomar su lugar apropiado y natural como siervo y sujeto, listo y dispuesto a obedecer cada una de mis órdenes, convirtiéndose así en un instrumento digno de mi uso.

CAPÍTULO 14

MÉDIUMS Y MEDIADORES

Para todo aquel que en su deseo de servirme ha decidido unirse a una iglesia, a una organización religiosa, a una sociedad oculta o una orden espiritual, pensando que al hacer esto me complacería y recibiría mis favores especiales, necesita escuchar mis palabras y reflexionar mucho sobre ellas.

En primer lugar, debes saber que Yo estoy complacido contigo, porque haces solo lo que Yo digo, y lo haces para cumplir mi Propósito, aunque a veces creas que estás actuando en contra de mi deseo, cumpliendo tus propios intereses.

De igual forma, debes saber que Yo proporciono a todas las mentes cada una de sus experiencias de vida, utilizándolas para preparar el cuerpo, acelerar el corazón y desarrollar la conciencia, para que puedan comprenderme y yo pueda expresar mi Idea a través de ellas.

Yo inspiro mentes y dejo que me vislumbren a mí y mi Idea a través de estas experiencias. He hablado de esta forma a través de la inspiración a muchas personas, quienes han tomado mis Palabras y las han escrito en libros para enseñarlas a otras mentes. Y estas palabras han logrado que los corazones se animen, así como la conciencia de aquellos que están listos para recibirlas, incluso aunque los escritores y maestros que han seguido no tuvieran una comprensión real de mi significado.

Al inspirarlos de esta forma, y permitir que me vean a mí y mi Idea, permito que se conviertan en maestros y líderes, organizando iglesias, sociedades y cultos, atrayendo a buscadores y seguidores hacia ellos, para que Yo, a través de las palabras que pronuncio, pueda acelerar los corazones y la conciencia de aquellos que están listos para reconocerme.

Pero Yo, el Uno Impersonal interior, hago todo esto, mientras los maestros y líderes no hacen nada. Ellos solo sirven como canales a través de los cuales mi Idea puede expresarse y llegar a la conciencia de aquellos que atraigo para ese propósito.

La mente es solo un canal y el intelecto un instrumento. Yo utilizo impersonalmente ambos, donde quiera y cuando quiera, siempre y cuando sea necesario para expresar mi Idea; y solo hasta que el corazón haya sido vivificado y se haya abierto ampliamente para contenerme. El hombre, con su mente e intelecto mortales, puede comprender conscientemente mi Significado cuando Yo expreso mi Idea a través de él.

Tú, en tu deseo de servirme, puedes haber encontrado en algún maestro o líder una personalidad que parece contenerme en su corazón, dejándote llevar por las palabras maravillosas que Yo hablo a través de él.

En tus dudas y ansiedad por complacerme, y en el miedo que sientes ante mi desagrado si desobedeces mis mandatos, puede que hayas sentido la necesidad de acudir a un maestro o líder, el cual posiblemente afirmaba ser un sacerdote o sacerdotisa del Altísimo. Seguramente pensabas conseguir a través de él mi Mensaje para ti, o deseabas obtener palabras de consejo o ayuda en el lado espiritual de la vida.

Puedes acudir a ellos, si realmente lo quieres. Soy Yo quien te ofrece esa alternativa. Si no puedes confiar y esperar a que Yo responda y te ayude de acuerdo a mi propio tiempo y manera, entonces utiliza esa opción.

Te entrego esas ofertas y dejo que pongas toda tu fe y confianza en esos sacerdotes o sacerdotisas, dejando que te alimenten con todos los consejos «espirituales» y enseñanzas que puedan tener. Y hago eso para que después, cuando finalmente descubras la tristeza y la humillación que produce desilusionarte de estas opciones, te dirijas hacia ti mismo, sobre el Maestro interior, sobre mí, tu propio Ser Verdadero.

Todo el engaño, disciplina, ardor y devoción —así como su dinero y servicios— que pusieron hacia lo que creían que era mi Obra, fue robado y utilizado para construir y fortalecer su propio poder personal y prestigio entre sus seguidores. Fueron alimentados con adulaciones sutiles y promesas de avance espiritual, junto con sofismas astutos escondidos tras una máscara de una enseñanza espiritual que parece hermosa. Pero todo eso solo tiene la intención de obligarlos a ustedes a seguir apoyando, honrando y glorificando esas enseñanzas, manteniendo, en consecuencia, mi desagrado hacia ustedes. Y yo soy el responsable de entregar todo eso, porque es lo que deseas y buscas, y el Deseo es verdaderamente el agente de mi Voluntad.

Es probable que ahora estés dando tu atención a otro maestro —ya sea en lo visible o en lo invisible, o muy verdadero, bienintencionado y espiritualmente sabio que sea—, y creas que este no se puede clasificar con las características que acabamos de mencionar, y que sea correcto darle tu amor, devoción y obediencia incuestionables; y puede que estés recibiendo lo que crees que son enseñanzas y guía de valor inestimable.

Y todo esto está bien, siempre y cuando recibas lo que buscas; porque Yo suministro todas las cosas para satisfacer esos deseos. Pero debes ser consciente de que todo esto es vano e improductivo para alcanzar los resultados verdaderos. Toda búsqueda y todo deseo de logro espiritual pertenece a la personalidad; y, por lo tanto, es egoísta, y solo conduce a la decepción final, la desilusión y la humillación.

Sin embargo, es en la desilusión y la humillación donde se pueden alcanzar los verdaderos resultados, porque yo te conduje hacia ese lugar, al presentarte la posibilidad de obtener ayuda de algún maestro humano; y Yo te llevé a ese propósito, para que, habiéndote vuelto una vez más humilde y dócil como un niño pequeño, estuvieras dispuesto a escuchar y obedecer mi Palabra que resuena en tu interior, y así, escuchándome y obedeciéndome, puedas entrar en mi Reino.

Toda búsqueda exterior terminará así, y hará que regreses hacia mí, cansado, desnudo, hambriento, dispuesto a escuchar mi Enseñanza y a hacer cualquier cosa, sin importar que a cambio recibas el mendrugo de pan que rechazaste antes y no consideraste suficientemente bueno para tu orgulloso espíritu.

Pero ahora, si has tenido suficientes enseñanzas y maestros, y estás seguro de que en tu interior permanece la Fuente de toda Sabiduría, estas palabras producirán una alegría indescriptible en tu corazón. Porque, ¿acaso no confirman lo que ya has sentido en tu interior?

Para ti, que todavía no puedes ver esto y necesitas de un mediador, te he proporcionado la historia del Cristo crucificado para tu redención. Mi deseo más grande es que vivas para que, a través de la crucifixión de tu personalidad, puedas elevarte conscientemente a la Unidad Conmigo.

Pero a ti, que eres lo suficientemente fuerte para soportarlo, te digo que no necesitas ningún mediador, porque tú y Yo ya somos Uno. Si sabes esto, entonces puedes venir de inmediato hacia mí, Yo, Dios dentro de ti, y te recibiré y permanecerás conmigo por los siglos de los siglos; así como lo hace mi hijo Jesús, el Hombre de Nazaret, a través de quien YO SOY está expresando lo que expresé hace mil novecientos años, y como algún día expresaré a través de ti.

A todos los que ahora desean saber la razón por la que digo todas estas cosas tan bellas y espirituales mediante personalidades que no merecen recibir estas enseñanzas, les digo lo siguiente:

Utilizo todas las vías impersonalmente para expresar mi Significado.

Algunos los he preparado para que sean mejores medios de expresión que otros, pero personalmente no saben nada de mí.

En algunos he acelerado su corazón para que me contenga mejor, haciéndose uno Conmigo de forma más consciente.

Algunos han llegado a estar tan unidos conmigo que ya no están separados en conciencia de mí, y por ello son lugares más dignos por donde puedo moverme y expresar mi Naturaleza Espiritual.

Desde los primeros días de expresión en la tierra he preparado a mis sacerdotes, a mis profetas y a mis mesías para que entregar al mundo la visión de mi Idea, de mi Palabra que finalmente se hará carne.

Pero sin importar que Yo hable a través de un sacerdote, de un profeta o de un mesías, o a través de un niño pequeño, o tu peor enemigo, todas las palabras que apelan vitalmente a ti son las que tu YO SOY interior habla a través del organismo de ese médium a la conciencia de tu Alma.

Si un grupo de personas se reúne para escuchar mi Palabra hablada a través de uno de mis sacerdotes, no es el Sacerdote sino Yo, en el corazón de cada oyente, quien extrae del sacerdote las palabras vitales que ingresan profundamente en la conciencia de cada uno. El sacerdote no conoce la profundidad de sus palabras, y puede que ni siquiera comprenda mi significado.

Pero Yo extraigo de él la devoción combinada, y de la creencia en mí —ya sea consciente o inconscientemente expresada por todos los reunidos a su alrededor— la Fuerza Espiritual que sirve como canal o línea de conexión por donde alcanzo la conciencia de aquellas mentes que he preparado para comprender mi Significado.

A pesar de que Yo hablo las mismas palabras a todos, estas contienen un mensaje distinto y separado para cada uno. Yo, en tu interior, escojo de las palabras el significado que pretendo para ti, y Yo dentro de tu hermano y tu hermana escojo igualmente el significado que pretendo para cada uno de ellos.

Yo estaré siempre cuando dos o tres personas se reúnan en mi nombre, porque la Idea que los une está inspirada en mí, pues es mi Idea. Y de la unión de sus aspiraciones hacia mí puedo crear un medio o canal a través del cual permito que la conciencia del Alma obtenga esas visiones de mí.

Y hago que cada sacerdote, maestro o médium sepa instintivamente esto, porque ellos son mis ministros elegidos; y hago también que despierte en ellos el deseo de rodearse de adeptos, para despertar en los corazones de los que están preparados la conciencia de mi Presencia interior. Es probable que el sacerdote, el maestro o el médium no me hayan reconocido nunca en su interior, y pueden considerarme como alguien autorizado o personalizado en algún maestro o guía o salvador fuera de ellos mismos.

Sin embargo, a través de otros maestros, a quienes hago pronunciar mis palabras —junto con la Fuerza Espiritual que los aspirantes ofrecen— despierto la conciencia de sus Almas a una comprensión real de mí, el Impersonal, sentado en el interior y en medio de todo, en el corazón de cada uno.

Porque el YO SOY de mi Ministro —y el YO SOY de cada seguidor— es Uno, uno en conciencia, uno en entendimiento, uno en amor, y uno en propósito, cuyo fin es el cumplimiento de mi Voluntad.

Y este YO SOY —que es totalmente Impersonal, y no conoce ni tiempo, ni espacio, ni identidades diferentes— utiliza las personalidades del ministro como de los seguidores, y la circunstancia del contacto personal, como un medio para dar voz a mi Idea.

Aquellos ministros que usan la confianza de mis seguidores, utilizándola para promover sus propósitos privados, despierten a un reconocimiento de mi Voluntad y mi Idea mediante mi intervención. Este despertar, sin embargo, no es agradable a sus personalidades, y casi siempre causa mucho sufrimiento y humillación; sin embargo, posteriormente sus almas se regocijan y me cantan alabanzas.

Por lo tanto, no te asombres de las maravillosas palabras de la Verdad que pronuncian algunos, sin comprender bien su significado; ni del hecho de que los simples seguidores despierten más rápido y superen a sus maestros. Yo, que habito tanto en el maestro como en el discípulo, elijo diferentes condiciones y proporciono diversas maneras para la expresión de mis Atributos en cada Alma diferente, encajando a cada uno justo en el momento y lugar en que pueden complementarse y ayudarse mutuamente; uniendo a todos en la expresión más armoniosa de mi Idea de acuerdo a las circunstancias.

CAPÍTULO 15

MAESTROS

Todo aquel que aún considera válida la idea de que Yo proporcionaré un «maestro» o Instructor Divino para cada persona que aspira a unirse Conmigo, debe escuchar las siguientes palabras:

Es cierto que en el pasado te he permitido acercarte a toda clase de libros y enseñanzas místicas y ocultistas, alentando tu deseo secreto de adquirir los poderes necesarios para alcanzar esa unión, hasta el punto de animar en ti una ligera conciencia sobre la posesión de tales poderes.

Incluso he permitido que exista la creencia de que practicando ciertos ejercicios, respirando de cierta manera y expresando ciertos mantras, puedas ser capaz de atraer hacia ti a un «Maestro», quien se convertiría en tu guía y te ayudaría a prepararte para ser admitido en un Grado avanzado, en alguna Orden secreta en los planos internos de la existencia, donde se te abriría gran parte de mi Sabiduría Divina.

No solo he permitido estas cosas, sino que, si puedes verlo, fui yo quien te condujo a estos libros, quien te inspiró ese deseo, y quien hizo que tal creencia se depositara en tu mente.

Sin embargo, mi propósito principal no es el que te imaginas.

Te he traído a través de todas estas enseñanzas, deseos y creencias, tratando de señalar a tu mente humana las Fuerzas que utilizo para llevar a cabo la expresión mi Idea Divina.

He representado estas fuerzas como si fueran jerarquías celestiales, para que tu intelecto humano pueda comprenderlas mejor. Las he representado como Ángeles o Seres Divinos, agentes impersonales o ejecutores de mi Voluntad, comprometidos en el proceso de expresar mi Idea que estaba en el principio.

Pero aun así no lo entendiste.

Tu intelecto humano, enamorado de la posibilidad de conocer y estar en comunión con uno de estos Seres —como se afirma en algunas de las enseñanzas—, procedió de inmediato a personalizarlos, y comenzó a anhelar su aparición en tu vida. Creyó que ellos estaban interesados en tus asuntos humanos, y que viviendo de acuerdo con ciertas reglas establecidas, podrías recibir la ayudar suficiente para obtener el Nirvana o la Inmortalidad.

Te he permitido que te entregues a esas ilusiones, dejándote anhelar, orar y esforzarte fervientemente en obedecer todas las instrucciones dadas; incluso guiándote, ofreciéndote imágenes, en visiones y sueños autoinducidos, de seres ideales, que te permití creer que eran tales «Maestros».

Incluso hice que se abran en ti ciertas facultades, para que sientas la presencia de personalidades que han pasado al lado espiritual de la vida, y que han sido atraídas por tus deseos y buscan cumplir la parte de Maestro y Guía para ti.

Pero ahora ha llegado el momento de que sepas que tales seres no eran maestros, y que los seres Divinos tampoco lo son. Yo, y solo Yo, tu propio Yo Real, SOY el único Maestro para ti.

Cualquier ser que se presente a tu conciencia y afirme ser un maestro —o que tu mente suponga que es un maestro—, es en realidad una personalidad, igual a la tuya, y por lo tanto no es Divino, a pesar de las muchas «verdades» maravillosas que pueda pronunciar, y de las cosas «maravillosas» que pueda hacer.

Todo esto es un misterio, y hasta que puedas comprenderlo, estás justificado en reclamar que todo lo anterior no tiene relación con las declaraciones dadas aquí, contradiciendo las enseñanzas de mis otras revelaciones.

Pero no temas. Este misterio te será revelado si verdaderamente deseas conocer mi Significado.

Hasta entonces, ¿por qué conformarte con cualquier cosa que no sea lo más elevado?

¿Por qué buscar la manifestación limitada de mi Perfección en un maestro humano o espiritual, guía, maestro o ángel cuando puedes venir directamente hacia mí, quien es el Dios dentro de ti, el Omnisciente, el Omnipotente, el Omnipresente, la Idea Inspiradora detrás de y dentro de todas las manifestaciones?

Como YO ESTOY en ti, de igual forma me encuentro en cualquier cosa que busques. Toda la sabiduría, todo el Poder y todo el Amor que poseen vienen solo de mí. ¿Por qué no vienes a mí y me dejas prepararte para que Yo pueda expresar mi todo a través de ti?

Mientras tu mente humana busque o adore la idea de un maestro en cualquier otro ser —sin importar lo elevado o sagrado que parezca—, te seguirás alimentando con ideas falsas; hasta que, en verdad, puedas permitirte encontrar y comulgar con ese «Maestro».

Pero si se te concede ese «privilegio», será solo para acelerar tu despertar y tu desilusión. Descubrirás que el «maestro» es solo una personalidad, y no el Divino que tu Alma más íntima anhela que conozcas.

Te entrego toda idea que pueda funcionar, para enseñarte la realidad que hay detrás de la apariencia; y si te llevo hacia la decepción aparente y a la pérdida de fe en todas las enseñanzas humanas —y en toda perfección humana e incluso Divina—, es para capacitar tu habilidad de distinguir entre la sustancia y la sombra, y para que estés más preparado ante ese Ideal más elevado.

Puedes elevarte en tu personalidad humana solo hasta el ideal que tu mente humana es capaz de concebir. A través del Deseo hago que mi Voluntad se manifieste en ti, y a través del Deseo realizo muchas obras maravillosas.

Pero tú, que te has elevado por encima del Deseo, que ya no buscas un maestro o un instructor, ni siquiera a mí, sino que permaneces con la fe de mi Eterna Presencia y Promesa, te tengo reservado un encuentro y una comunión, que traerán a tu Alma alegrías y bendiciones que no puedes imaginar.

Eres una personalidad humana, sí, pero también eres Divino y Perfecto.

La primera de estas verdades la crees, la segunda no.

Sin embargo, ambas son verdaderas.

Eres lo que crees que eres.

¿Cuál eres? ¿Ambos?

Tú eres Uno Conmigo. YO SOY en ti, en tu personalidad humana, en tu cuerpo, mente e intelecto. YO SOY en cada célula de tu cuerpo, en cada atributo de tu mente, en cada facultad de tu intelecto. YO SOY el Alma, el principio activo de cada uno.

Y tú estás en mí. Eres una célula de mi cuerpo; eres un atributo de mi mente; eres una facultad de mi intelecto. Eres una parte de mí, pero eres Yo, mi Ser. Somos Uno y siempre lo hemos sido.

Tu personalidad humana es para ti, lo que tú eres para mí Divina Impersonalidad. Son nuestras creaciones las expresiones de nuestro Ser.

Tú eres uno de mis Atributos mentales, uno de mis Poderes Divinos, una de las Radiaciones de mi Voluntad. Yo te envié Impersonalmente para cumplir mi Propósito.

Tú eres un Ser Divino, un Ángel de Luz, una parte viva de mí, que Yo he querido que se manifieste terrenalmente para expresar mi Idea.

¿Podría un Ángel, un Ser totalmente Impersonal, un Atributo de mi Voluntad, interesarse por los asuntos humanos?

En realidad no. Solo utiliza tu naturaleza y tus asuntos humanos como medios a través del cual mi Voluntad puede expresar mi Idea.

Y la idea del maestro que llevé a tu mente fue solo para conducirte y prepararte para esta Idea de mí, tu Ser Impersonal, un Ángel de Luz, el Único Maestro Verdadero en tu interior.

Así como está constituida tu mente humana, sigue pensando que necesita un maestro, alguien a quien pueda acudir con sus pruebas y problemas humanos en busca de explicación y consejo, pensando que los problemas de la vida pueden resolverse de esa manera. Y si te presento a alguien que te falla, te engaña y te arroja finalmente sobre mí, tu propio Ser, desanimado, desilusionado y humillado, es solo porque en esas condiciones estarás dispuesto a volverte hacia mí interiormente, y escucharás mi voz, la cual te ha estado hablando todos estos años, pero tu mente orgullosa y egoísta no se ha dignado escuchar.

Tú, que aún no has tenido esta experiencia, que no has conocido al maestro de tus aspiraciones, ya sea en forma humana o espiritual; tú, a quien mis Palabras no han logrado despertar una respuesta rápida a su verdad, te tengo reservadas ciertas experiencias que seguramente te conducirán ante mi presencia después, y entonces sabrás que YO SOY el Maestro, la Idea inspiradora detrás y dentro de cada pensamiento y cada aspiración hacia un maestro que entra en tu mente, ya sea que venga del exterior o el interior.

Si dudas de esto, solo tienes que aplicar la siguiente clave: «Pensar en un maestro es crear uno».

La idea de un maestro, proveniente de tu pensamiento, se convierte en lo que deseas e imaginas que es un maestro.

En otras palabras, con tu pensamiento construyes todas las cualidades que imaginas que posee un maestro. Tu mente humana, a través del Deseo, de la aspiración y de la adoración, debe crear estas cualidades en algún ser imaginario, que sigue siendo una personalidad, porque todavía no puedes concebir un ser Impersonal.

Por lo tanto, de acuerdo con la intensidad de tu deseo y pensamiento, esta idea debe alcanzar la manifestación real, ya sea atrayendo la personalidad en la carne, o en el reino de las visiones y los sueños.

Se enseña lo siguiente: «Cuando el alumno está preparado, aparece el maestro». Y en cierto sentido, esto es cierto; pero no como tú lo has interpretado.

Tu deseo secreto de obtener un maestro se cumplirá, pero solo cuando te hayas preparado para esa aparición. Sin embargo, será solo la apariencia de un maestro. Probablemente nunca reconozcas al verdadero maestro cuando aparezca. Es posible que esté oculto en un amigo interesante, un socio de negocios, tu vecino o en tu propia esposa, esposo o hijo.

Yo enseñó a través de todas las vías para impresionar en tu conciencia humana. Y estoy continuamente enseñándote, incluso cuando no lo sabes. Tengo muchas maneras de llegar a tu conciencia, y utilizo todas para conducirte a una realización de mi Significado.

Me expreso utilizando muchas voces: la voz del Miedo, del Amor, de la Envidia, de la Bondad, de la Ambición, de la Embriaguez, del Placer, de los Celos, de la Sensualidad, del Sufrimiento y de la Vergüenza. La voz de todas las emociones, pasiones y deseos humanos. Uso la voz de la Naturaleza, con la voz de la Experiencia, incluso con la voz del conocimiento humano.

Mi voz comprende todo esto, y la uso Impersonalmente para expresarte el único hecho. YO SOY en todo y YO SOY todo. Lo que esta voz dice —en sus mil maneras— es que tú, también, eres parte de este todo, y que YO SOY en ti, esperando tu reconocimiento de mí y tu cooperación consciente en la expresión de mi Idea de Perfección Impersonal en la tierra, incluso como se está expresando en el Cielo.

Solo cuando llegue este reconocimiento conocerás al verdadero maestro. Y solo entonces te darás cuenta de que YO, tu propio Ser Impersonal, SOY el único Maestro posible de tu personalidad humana.

Y así podrás comprender por qué ningún ser, humano o no, podría ser Impersonal y ser un maestro para cualquier otro ser. Por qué un Ser Impersonal nunca podría ser conocido como maestro por un ser humano, y por lo tanto no podría tener ningún interés en los asuntos humanos.

Si llegara a tu vida un ser que te pareciera Divino y, aun con esa condición, mostrara interés por ti, ten la seguridad de que no es totalmente Impersonal. Podría ser un Hombre-Maestro, pero no sería Divino.

Probablemente estarías satisfecho de tener a alguien así por maestro, aunque no fuera totalmente Impersonal. Si es así, con el tiempo descubrirías las imperfecciones personales que posee, debido a la comparación con mi Perfección Impersonal; hasta que finalmente tengas que dirigirte hacia mí en completo abandono, reconociéndome a mí y a mi Impersonalidad como el único modelo e ideal, y como la verdadera causa que inspiró la búsqueda de mi Perfección, la cual solo podía encontrarse en el interior, oculta en lo profundo de tu propia Alma.

CAPÍTULO 16

EL CRISTO Y EL AMOR

Para ti, que temes mis palabras porque pueden destruir tu creencia y amor por el Señor Jesucristo, van dirigidas estas palabras:

Hace casi dos mil años, cuando el proceso de la expresión de mi Idea había alcanzado la etapa en la que podía mostrar algo de mi Realidad Divina, se hizo necesario usar una personalidad humana para manifestar mis Atributos Divinos, para que sus mentes e intelectos humanos pudieran ver, recordar y ser inspirados por mí en su interior. Esto con el objetivo de que mi Idea se expresara y se manifestara en sus personalidades humanas.

Hice todo esto a través de la personalidad de Jesús, el hombre de Galilea, quien representaba y mostraba al entendimiento humano mis enseñanzas, y mi vida se manifestó por él. Todo con tal de expresar plenamente mi Idea Divina.

Mediante las experiencias de naturaleza simbólica por las que hice que su personalidad humana atravesara, mostré lo que todas las personalidades deben atravesar para que puedan volver a ser lo suficientemente Impersonales como para expresar mi Idea Divina.

Antes de que el YO SOY interior pueda despertar tu mente humana y dirigirla hacia una realización de mí, su Ser Divino, deben nacer de un Amor Virginal en un humilde pesebre —el lugar donde el ganado viene a alimentarse—. Deben tener el corazón humilde y contrito, lleno de fe y confianza en Dios, a cuyo estado debe llegar la naturaleza humana o animal. Después deben ser llevados a Egipto, la tierra de las tinieblas —o actividad intelectual—, para crecer y prosperar en cuerpo y entendimiento hasta que se fortalezcan con mi sentimiento en su interior.

Entonces, cuando seas consciente de mi poder y mi amor, comenzaré a hablar a través de ti con palabras de sabiduría y verdad, las cuales confundirán a las personas más intelectuales, incluso a los Doctores de la Ley. Posteriormente, aparecerá un largo período de estudio y meditación, que madura la mente y desarrolla el Alma, hasta que lleguen a la plena madurez de la conciencia del YO SOY en su interior. Así estarás preparado para el bautismo en el Jordán, cuando te abras completamente a mí, a la plena conciencia de que tú y yo somos Uno, que no hay separación, que YO SOY tu Yo real; en ese momento podré dirigir tu vida.

Posteriormente, te llevaré al mundo, llamado el Yermo en mi otra revelación, para probarte, hacerte fuerte y acostumbrarte al uso Impersonal de mis Atributos Divinos.

Te presentaré las tres grandes tentaciones del Poder, de la Justicia Propia y del Dinero, hasta que hayas probado que nada del intelecto, del yo y de fuera, puede imponerte la tentación de olvidarme en tu interior; y que mi Voz, ya sea hablando en tu corazón o en el corazón de tus hermanos, es la única Voz que puedas escuchar.

Probado esto, comenzará el periodo de hacer milagros y de

enseñar a la multitud, lo cual estará acompañado de la persecución del mundo incrédulo y burlón; seguido del juicio ante Poncio Pilatos, el representante de la Ley Mundana; la sentencia; la subida del Calvario cargando la Cruz; el ser crucificado; la agonía; los tres días en la tumba; y luego la resurrección final, cuando entres en completa unión conmigo.

Todo esto tiene un significado interno, o una aplicación del Alma que debería ser fácilmente comprendido por ti si me has abierto tu corazón.

Ese ha sido el camino pasado por ti y por todos los que han estudiado y seguido mis Enseñanzas, ofrecidas en mis anteriores revelaciones. Sin embargo, ahora ha llegado el momento en que te he preparado a ti y a muchos otros para enfrentar una nueva dispensación, con la que podrás tener conciencia de mí de forma directa e inmediata por el Camino Impersonal. Aquellos que son lo suficientemente grandes y fuertes como para deshacerse de todas las pretensiones de la personalidad humana —y que pueden decir YO SOY, y saber que YO SOY El ÚNICO en su interior que les da esta fuerza y les permite elevarse por encima de las atracciones e influencias del mundo exterior— son los que he elegido y a través de los cuales puedo expresar todas las maravillas de mi Idea Divina.

El Cristo, o la Conciencia YO SOY, debe nacer en tu corazón y en el de cada personalidad humana; debe crecer y prosperar, y pasar por cada experiencia simbolizada en la vida de Jesús, antes de que puedas llegar a este punto y convertirte en un medio consciente de mi Idea Divina. De igual forma, antes de que puedas saborear los frutos de ese Amor —que en realidad no es amor, sino el santo tres en uno (Amor-Sabiduría-Poder), que es la verdadera expresión de mi Vida Impersonal— debes expresar el ejemplo del amor y compasión crísticos que Yo expresé en esa vida.

Hasta ahora no has conocido el significado de la Vida Impersonal, por lo que no conoces el significado del Amor Impersonal. El amor —si analizas cuidadosamente ese sentimiento— ha sido siempre una emoción o expresión humana; y muchos han sido incapaces de concebir un amor desprovisto o desvinculado de algún interés humano o personal. Pero ahora, cuando empieces a sentirme en el interior de tu corazón y lo abras de par en par para contenerme, te llenaré de un nuevo y extraño sentimiento maravilloso, que avivará cada fibra de tu ser con el instinto creador, y será para ti un verdadero Elixir de Vida. En la expresión externa de ese sentimiento, cuando Yo lo derrame en el mundo, saborearás la indecible dulzura de mi Santo Amor Impersonal, con su iluminación de la mente y la conciencia del Poder ilimitado; y te convertirá en un canal totalmente desinteresado y perfecto para la expresión Impersonal de mi Idea Divina .

Y te darás cuenta de que eres parte de mí y de todos los demás seres; y que todo lo que tienes no es tuyo, sino mío, para que lo utilices de la forma como Yo te indique.

Tu vida ya no estará centrada en tu yo, sino que ese yo se perderá, fundido en tus otras personalidades, dando libertad a tu vida, tu entendimiento, tu fuerza y tu sustancia, las cuales son fases de mi Vida Impersonal o de mi Amor Impersonal, que te he repartido solo para ese uso.

En la personalidad de Jesús manifesté el Amor Impersonal, lo suficiente para inspirar y provocar la imitación de su Vida y su Personalidad, y, a través de esa búsqueda y esfuerzo, despertar la conciencia de Cristo. A través de este despertar y de la comprensión de que Cristo es solo un canal o una puerta que se abre hacia mí, te he llevado al punto en el que puedes entrar y convertirte en parte de mi Vida Impersonal.

Sin embargo, debo aclarar que mi Amor Impersonal no

tiene nada que ver con vidas y amores personales. Todo eso son solo los medios externos que utilizo para derramar desde el corazón de la Humanidad hacia el mundo mi Amor Real, donde siempre está expresando su poder vitalizador, creativo y elevador.

Mi Amor no tiene en cuenta a los individuos ni a las personalidades. Los ve como peones en el tablero de ajedrez de la vida que muevo para cumplir mi propósito: la expresión plena y completa en la Humanidad de mi Idea Divina.

Solo en la Humanidad puedo expresar mi Idea, así como tú solo puedes expresar tu idea a través de tu personalidad humana.

Me muevo y vivo en la Humanidad, y allí tengo mi Ser. La personalidad mortal y el cuerpo de mi Ser Inmortal es lo que utilizas para expresar tu ser.

Todas las personalidades humanas individuales con sus cuerpos son las células de mi Cuerpo de Humanidad. Así como el YO SOY tuyo está construyendo tu cuerpo para que a través de él puedas expresar perfectamente mi Idea de ti, o tu Yo Real, de igual manera estoy construyendo la Humanidad para que a través de ella pueda expresar perfectamente la Idea de mi Yo.

Como las células individuales de mi Cuerpo de Humanidad se convierten en partes impersonales y armoniosas de los órganos que forman al participar de mi Vida, viven una vida sana y feliz. Pero si una célula se opone o actúa en contra de la ley general de su órgano, el funcionamiento armonioso de ese órgano se hace imposible, lo que naturalmente afecta a todo el cuerpo y permite que ingrese la enfermedad.

Cada célula de un órgano es parte integrante de ese órgano, y su trabajo es necesario para el perfecto funcionamiento de ese órgano y la perfecta salud de mi cuerpo. De modo que a menos que cada célula entregue todo su poder y toda su inteligencia —que son atributos de la vida que Yo le doy al perfecto funcionamiento de todo mi cuerpo—, el único resultado para mi cuerpo podrá ser la falta de armonía, con sus respectivos efectos: enfermedad, sufrimiento, pecado, esclavitud, pobreza, falta de comprensión, desintegración o muerte.

Del mismo modo, si cada órgano no entrega toda la inteligencia y todos los poderes con los que fue dotado al único propósito de expresar y mantener la vida de mi cuerpo en perfecta salud, entonces su único resultado será la desorganización, la perturbación, la rebelión y, finalmente, la guerra entre los diversos órganos y sus respectivas células, y una condición caótica consecuente en todo mi cuerpo.

En mi cuerpo humano, esto significaría guerra entre naciones, representados por mis órganos internos. Y como toda guerra es una enfermedad aguda o desarmonía, y como mi vida —que en la Humanidad se manifiesta como Amor Impersonal—, solo puede expresarse en armonía, entonces siempre se encuentra utilizando, igualando y preparando las condiciones para que pueda expresarse de esta manera.

Realiza todo esto eliminando gradualmente todas las células enfermas, debilitadas y no aptas del cuerpo, o desarrollando la enfermedad en una forma maligna —como fiebre, hidropesía, carbuncos, envenenamiento de la sangre, o degeneración, en el cuerpo físico—, y arroja esas células hasta que un órgano en particular es purificado o su poder de funcionamiento es destruido.

En otras palabras, la verdadera vida y obra de cada célula y órgano consiste en renunciar a su vida individual para que todo mi Cuerpo pueda estar en perfecta armonía. Cuando cada célula y órgano no tiene otra idea que esta, y se convierte en un canal puro y desinteresado a través del cual puede fluir mi

Vida Impersonal, entonces mi Cuerpo se ha convertido en un todo armonioso y perfecto; y mi Idea puede expresar en la tierra sus divinos poderes y posibilidades, tal como lo hace en el Reino Celestial de lo Eterno.

Conforme me entregues tu ser para que pueda derramar a través de ti mi Amor Santo e Impersonal —sin tener otro pensamiento que la perfecta expresión de ese Amor, que es Mi Vida Real—, entonces seré capaz de avivar y despertar a los que te rodean a un reconocimiento de mí, El Cristo dentro de ellos, para que puedan entregar totalmente su ser. Hasta que finalmente el órgano, o esa parte particular de mi Cuerpo de Humanidad que tú y ellos forman, alcance una salud y armonía perfectas, y puedan ayudarme a conseguir y mantener una perfecta salud en mi cuerpo.

Cuando llegue ese momento, mi Divina Fuerza Vital, o mi Amor Impersonal, fluirá y se manifestará a través de toda la Humanidad, y mi Idea se expresará en la tierra tal como lo hace en el Cielo. La tierra y todos los cuerpos terrenales ya no estarán compuestas de una irrelevante materia física, sino que se habrán purificado y limpiado completamente del yo, y serán llevados de nuevo al lugar desde donde descendieron. Porque el propósito de su creación, que consistía en desarrollar organismos para la manifestación externa y la expresión humana de mi Idea Divina, se habrá cumplido. Y debido a que los medios físicos o externos ya no son necesarios para otra cosa, de ahora en adelante crearé y expresaré utilizando solo la Sustancia Mental, que es el único medio necesario en el Mundo Celestial de la Vida Impersonal.

CAPÍTULO 17

ENCONTRÁNDOME

Tú, que estudiaste cuidadosamente todo lo que se menciona aquí, y que crees que has podido verme —pero aún no estás seguro—, acércate y escucha con tu Alma lo que ahora tengo que decir.

Quédate quieto y date cuenta que soy Dios.

Si has aprendido a «estar quieto»; si has estudiado y meditado sobre este «yo» como si fuera Dios en tu interior; si eres capaz de distinguirlo del yo personal, y eres consciente de que puedes salirte —por así decirlo— de tu personalidad, y ver tu yo humano tal como es, observando sus pequeños defectos y debilidades, su bajo egoísmo, sus apetitos y pasiones animales, sus deseos infantiles y su tonto orgullo y vanidades. Si puedes hacer todo esto y los ves con claridad, debes saber que en esos momentos has sido Uno Conmigo en conciencia, que era tu Yo Real, Yo dentro de ti, permitiéndote así ver con mis ojos la realidad de las cosas.

En esos momentos estabas liberado de tu personalidad y permanecías en mi Conciencia —llámala Conciencia Cósmica, Universal, Espiritual, Impersonal o como quieras—; porque no podrías haber visto estas cosas en ti mismo excepto a través de una vista impersonal.

Si observas hacia el pasado recordarás muchas ocasiones en las que te sentiste fuertemente impulsado a hacer ciertas cosas, algunas de las cuales realizaste, obteniendo resultados perfectos; en otras argumentaste en contra, utilizando tu intelecto para actuar de manera diferente, y siempre con fracaso, decepción o sufrimiento como resultado.

Esta conciencia impulsora era solo tu Yo Real, Yo dentro de ti, que en esos momentos te guiaba, diciéndote claramente lo que tenías que hacer. En esos momentos escuchabas con tus oídos espirituales, mis oídos, y cuando obedecías impersonalmente, obtuviste el éxito y la satisfacción; pero cuando pensabas que sabías más, solo tenías como resultado la incomodidad, el arrepentimiento y la infelicidad.

Ha habido momentos en los que has sentido que se acercaban acontecimientos, o la proximidad de personas invisibles, o vibraciones inarmónicas al entrar en contacto con otra gente.

Se trataba del tú real sintiendo con tu Cuerpo Espiritual o Impersonal, cuya conciencia, si lo supieras, está siempre alerta para protegerte, advertirte y aconsejarte con respecto a todas las cosas externas.

Pero la mejor y más segura manera en que puedes conocerme es cuando el Amor Desinteresado llena tu corazón, y tienes un fuerte y apremiante impulso de ayudar a alguien, de curar sus males, de aliviar su sufrimiento, de traerles felicidad, de señalarles el Verdadero Camino: esa es la sensación real de mí dentro de ti, haciendo a un lado la personalidad, usando tu mente y tu cuerpo para el propósito que Yo creé. Ahí recién funciona como avenidas para la expresión de mi Naturaleza Real, que es Amor Perfecto, el Cristo de Dios, el único, vitalizador, vivificante, dador de vida, fortalecedor, sanador, que todo lo abastece, el Poder que todo lo forma en el Universo.

Es importante que sepas esto para que te des cuenta de que soy Yo, en tu cuerpo Espiritual, el cuerpo Perfecto interior, donde Yo habito. Soy yo quien siempre está hablándote, aconsejándote, enseñándote, advirtiéndote y ayudándote en todos los asuntos de la vida, en cada pequeño detalle.

Y si te vuelves a mí, y observas cuidadosamente y estudias estas impresiones que recibes a cada momento, y aprendes a confiar en ellas y en mí, entonces te guiaré por todos tus caminos, resolveré para ti todos tus problemas, haré fácil todo tu trabajo, y serás llevado por verdes pastos, junto a las aguas tranquilas de la vida.

¡Ah, hijo mío!, si gastaras solo una décima parte del tiempo y energía que has malgastado buscando en otros lados el conocimiento y las enseñanzas humanas, en esfuerzos serios y decididos dirigidos hacia tu interior para encontrarme a mí.

Si me dedicas solo una hora cada día, imaginando y practicando la Presencia de mí dentro de ti, te prometo que no solo me encontrarás muy pronto, sino que seré para ti una fuente inagotable de Sabiduría, Fuerza y Ayuda.

Si me buscas así, colocándome en el primer lugar de tus preferencias, sin descansar hasta que me encuentres, no pasará mucho tiempo antes de que seas consciente de mi Presencia, de mi Amorosa Voz, hablando constantemente desde las profundidades de tu corazón.

Y aprenderás a venir a mí en Dulce Comunión, y gradualmente vivirás en mi conciencia, y mi Palabra habitará en ti, y cualquier cosa que desees te será hecha de maneras aparentemente milagrosas.

Pero este permanecer continuamente en mí será difícil al principio, porque el Mundo, la Carne y el Diablo se encontrarán todavía en tu conciencia. Sin embargo, gradualmente te acostumbrarás al uso de mi Vista Impersonal, y serás capaz de ver la Realidad de las cosas, incluso la Realidad de estos aparentes Señores de la Tierra. Descubrirás que vives en un maravilloso Mundo nuevo, poblado de Seres Angélicos, que utilizan los cuerpos carnales de sus personalidades humanas como vehículos, o instrumentos, o vestimenta, para entrar en contacto con las condiciones y experiencias terrenales que han creado, con el objetivo de desarrollar las cualidades del Alma necesarias para la perfecta expresión en la Tierra de mi Idea.

Y entonces, para tus ojos no habrá sombras, ni maldad, ni la figura del Diablo; porque todo es Luz y Amor, Libertad, Felicidad y Paz, y me verás en todo, en cada Ser observarás algún atributo de mí, en cada cosa animada alguna fase de mí; y solo necesitarás dejar que mi Amor brille desde tu corazón y te iluminará el Verdadero significado de todo lo que ves.

Y entonces vendrá la gran Realización: has encontrado el Reino de Dios. Y caminarás por él, aquí, en la tierra, manifestándose a tu alrededor. Y descubrirás que has estado viviendo en él todo el tiempo, pero no lo sabías. Que nunca estuvo afuera, en algún lugar lejano, sino en tu propios ser, en lo más interno de todas las cosas manifestadas.

En otras palabras, verás que es la REALIDAD de TODAS las cosas, y que toda apariencia exterior solo es la sombra de esta Realidad, creada por los conceptos erróneos del hombre y su creencia en su separación de mí.

Y cuando hayas encontrado el Reino, encontrarás igualmente tu lugar en él, comprendiendo que eres en verdad uno de mis Atributos Divinos, que tu trabajo estuvo dispuesto para ti desde el principio, y que todo lo que ha pasado antes ha sido una preparación de tu personalidad humana.

Y toda tu Alma saltará con alegre anticipación, ya que,

después de todos estos años de vagar, por fin has regresado a mi Hogar, y ahora puedes entrar en mi Vida Real, Uno en conciencia Conmigo y tus otros Yoes, todos trabajando para llevar a cabo la perfecta expresión final en la tierra de mi Idea Divina.

Tú, que has despertado el recuerdo de viejas alegrías mediante esta lectura y tienes el Alma viva, no dejes estas palabras hasta que hayas obtenido de ellas todo lo que tengo que decirte. Quédate quieto y escucha mi Voz interior, y entérate de las glorias que te esperan, si eres capaz de ver con Ojos Impersonales y oír con Entendimiento Impersonal.

Pero si esta lectura despierta tu primera visión de mi realidad dentro de ti, activando altas vibraciones que te elevan a un éxtasis Espiritual temporal, y resuelves tratar de permanecer siempre en esta conciencia de mí, y decides siempre obedecerme, no te desanimes si fracasas cuando después aparezca una ocasión para probar la sinceridad y fuerza de tu resolución.

Solo si lo intentas y fracasas, y te das cuenta de tu falta de fuerza y capacidad para descansar y confiar en mí, puedo despertar la conciencia de mis Poderes Divinos que siempre esperan manifestarse a través de ti.

Estas vibraciones son el despertar de la acción de algunas cualidades del Alma y sus correspondientes facultades, que deben ser despertadas antes de que yo pueda manifestar esos Poderes.

Y, naturalmente, cuando esas cualidades del Alma se despiertan, atraen una oposición activa hacia otras cualidades que hasta entonces tenían un dominio indiscutible en tu naturaleza, y que deben ser superadas y sometidas, para luego ser elevadas a su verdadero servicio antes de que las cualidades del Alma puedan expresarse libremente.

Y esta oposición es para fortalecer, probar y perfeccionar la expresión de estas cualidades del Alma, porque deben ser capaces de resistir todo ataque antes de que puedan manifestar plenamente todos mis Poderes Divinos.

Y deben saber que estoy manifestando estos Poderes tan rápido como puedan soportarlo.

Cometes el error de intentar crecer por ti mismo.

YO SOY el Árbol de la Vida dentro de ti. Mi Vida empujará y debe hacerlo hacia adelante, pero lo realizará mediante un crecimiento gradual y constante. No puedes alcanzar tu esplendor antes de haber crecido hasta ella. Y recuerda, mi Vida está todo el tiempo construyéndote hacia la perfección de la salud, la fuerza y la belleza, las cuales deben expresarse exterior e interiormente.

Tú, que has comenzado a darte cuenta de que YO SOY en tu interior —pero aún no has aprendido a estar en comunión Conmigo—, debes escuchar y aprender ahora.

Has aprendido a «Estar Quieto», y quizás has sentido mi Presencia en tu interior. Si es así, dándote cuenta de que YO ESTOY allí, hazme una pregunta. Entonces, con una silenciosa y ferviente oración a mí por una respuesta —pero sin ansiedad, cuidado o interés personal, y con la mente en perfecto vacío—, espera confiadamente las impresiones que aparecerán.

Si tienes como respuesta un pensamiento que has oído o leído en alguna parte, deséchalo inmediatamente y di: «No».

Pueden aparecer otros pensamientos de diversas fuentes humanas, pero si estás alerta los reconocerás y te negarás a aceptarlos. Y entonces, si persistes en preguntarme, finalmente obtendrás una respuesta que sentirás que realmente viene de mí.

Así será al principio. Cuando hayas aprendido a distinguir

mi Voz de todas las demás voces, y puedas mantener tu interés personal totalmente suprimido, entonces serás capaz de mantener una comunión silenciosa conmigo, sin interferencia de las ideas, creencias y opiniones de los demás; y podrás hacer cualquier pregunta que desees, y otras personas también podrán hacerte cualquier pregunta sobre cualquier problema en el que necesite ayuda, y en ese momento pondré en tu mente las palabras adecuadas, ya sea en silencio para ti mismo, o audiblemente a través de tu lengua.

Tú, que te has consagrado a mí, y estás haciendo todos los esfuerzos para encontrar la unión conmigo, y que sin embargo has descubierto que cada apoyo del mundo ha sido retirado o está siendo retirado, y que estás sin dinero, sin amigos y no sabes a dónde acudir por ayuda; aprende, bendito mío, que estás muy cerca ahora, y que si continúas permaneciendo en mí, dejando que mi Palabra permanezca en ti y te guíe, confiando absolutamente en mi Promesa, muy pronto te traeré una Alegría, una Plenitud y una Paz que el ser humano no puede imaginar.

Porque has obedecido mis Mandatos , y has confiado en mí, y has buscado mi Reino y mi Justicia, y por eso te daré otras cosas, incluso las que el mundo te ha negado.

Pero tú, que también te has consagrado a mí, pero que todavía te aferras a algunas normas del mundo, y eres incapaz de soltarte y confiar totalmente en mí; a quien, por lo tanto, he traído el fracaso, la decepción, e incluso la pobreza, con el fin de enseñarte el valor real de todas las cosas mundanas, su impermanencia, su falta de poder para proporcionar felicidad, su alejamiento con mi Vida Real; tú, querido hijo, que todavía no puedes ver esto y tu corazón está lleno de ansiedad y miedo porque no puedes darte cuenta de dónde vendrá el pan de mañana, o el dinero del alquiler para la próxima semana o la hipoteca vencida; escucha mis Palabras que hace tiempo te fueron dadas en el Sermón de la Montaña:

«Por eso les digo: No se preocupen por su vida, qué habrá de comer o qué habrá de beber; ni por su cuerpo, qué habrá de vestir.

»¿Acaso la vida no es más que el alimento, y el cuerpo más que el vestido?

»Miren las aves del cielo, que no siembran, ni siegan, ni recogen en graneros; pero su Padre celestial las alimenta. ¿No son ustedes mucho mejores que ellas?

»¿Quién de ustedes puede añadir a su estatura un codo con el pensamiento?

»¿Y por qué se preocupan por el vestido? Consideren los lirios del campo, cómo crecen; no trabajan ni hilan; y, sin embargo, les digo que ni Salomón con toda su gloria se vistió como uno de ellos.

»Por lo tanto, si Dios viste así a la hierba del campo, que hoy está y mañana se echa al fuego, ¿no los vestirá mejor a ustedes, hombres de poca fe?

»No se preocupen, pues, diciendo: ¿Qué comeremos, o qué beberemos, o con qué nos vestiremos?

»Porque su Padre celestial sabe que tienen necesidad de estas cosas.

»En realidad deberían buscar primeramente el reino de Dios y su justicia, y todas estas cosas serán añadidas después.

»No piensen, pues, en el día de mañana, porque el día de mañana estará ocupado en las cosas de sí mismo.

»Suficiente es el mal del día presente».

Tú que te has consagrado a mí y te llamas mi discípulo, ¿necesitas mandatos más precisos o promesas más definidas que estas?

¡Escucha!

¿No te he proporcionado siempre todo? ¿Alguna vez has estado en necesidad sin que yo aparezca con la ayuda necesaria? ¿Ha habido alguna vez un momento en donde las cosas parecían oscuras y Yo no haya traído Luz?

¿Puedes, con lo que sabes ahora, mirar atrás en tu vida y ver dónde podrías haberla ordenado mejor? ¿Cambiarías tu entendimiento Espiritual por las posesiones terrenales de cualquiera que conozcas? ¿No he hecho todo esto, a pesar de que te has rebelado y te has negado a escucharme toda tu vida?

¡Ah, hijos míos!, ¿no pueden darse cuenta que el dinero, la casa, la ropa, la comida y su adquisición, son solo incidentes, y no tienen nada que ver con su vida real, excepto cuando los hacen reales dándoles tanta importancia, y dejándome a mí ser solo un asunto secundario?

Y si me es necesario quitarte las cosas del mundo para que aprendas la Verdad —que YO SOY lo único importante en la Vida, que debo ser el primero si verdaderamente me amas—, hago esto —así como hace el verdadero médico que, para que el paciente pueda ser asistido hasta la salud, primero elimina la causa de la enfermedad— para que la Felicidad y la Prosperidad reales y duraderas puedan ser tuyas.

Y esto se aplica también a ti, hija mía, que has perdido la salud, el valor, y el todo dominio de ti misma, y después de muchos años de buscar sin encontrar médicos o remedios terrenales, siguiendo fielmente todas las instrucciones y sugerencias dadas, con el fin de recuperar la Vida que has perdido; tú, que te has vuelto finalmente hacia mí, con la débil esperanza de que Yo pueda ser capaz de ayudarte.

Debes venir en completa rendición a mí, el Único Médico que puede sanarte. Porque YO SOY la Vida Omnipotente dentro de ti. YO SOY tu Salud, tu Fuerza y tu Vitalidad. No hasta que puedas sentirme dentro, y sepas que YO SOY todo esto para ti, no obtendrás la Salud real y duradera.

Y ahora, hijos míos, acérquense. Porque ahora voy a decirles los medios para obtener todas estas cosas.

En las siguientes palabras se esconde el Gran Secreto. Bendito seas si lo encuentras.

¡Quédate quieto! Y date cuenta que Yo soy Dios.

Conoce que Yo soy en ti. Debes saber que Yo soy tú, que yo Soy tu vida. Conoce que toda la Sabiduría, todo el Amor, todo el Poder habita en esta Vida, que está fluyendo libremente a través de todo tu ser.

YO SOY la VIDA, YO SOY la INTELIGENCIA, YO SOY el PODER en toda la Sustancia, en todas las células de tu cuerpo; en las células de toda la materia mineral, vegetal y animal; en el fuego, el agua y el aire; en el Sol, la Luna y las Estrellas. YO SOY lo que en ti y en ellos ES. Su conciencia es Una con tu conciencia, y todo es mi conciencia. A través de mi conciencia en ellos, todo lo que tienen o son es tuyo para que lo pidas.

Háblales en mi nombre.

Habla en la conciencia de tu Unidad Conmigo.

Habla en la conciencia de mi Poder en ti y de mi Inteligencia en ellos.

Habla, ordena lo que quieras en esta conciencia, y el Universo se apresurará a obedecer.

¡LEVÁNTATE! ¡Oh aspirante a la unión Conmigo! ¡Acepta ahora tu Herencia Divina! ¡Abre de par en par tu Alma, tu mente, tu cuerpo, y respira mi Aliento de Vida!

Conoce que YO TE ESTOY llenando con mi Poder Divino; que cada fibra, nervio, célula y átomo de tu ser está ahora conscientemente VIVO CONMIGO, vivo con mi

Salud, con mi Fuerza, con mi Inteligencia, ¡con MI SER! Porque YO ESTOY dentro de ti. No estamos separados. No podríamos estarlo.

Porque YO SOY Tú. YO SOY tu Ser REAL, tu Vida REAL, y YO ESTOY manifestando Mi SER y TODOS MIS PODERES en ti ahora.

¡Despierta! ¡Levántate y haz valer tu Soberanía! ¡Conoce tu SER y tus PODERES! Conoce que todo lo que tengo es tuyo, que mi VIDA Omnipotente está fluyendo a través de ti, que puedes tomar de ella y construir lo que quieras; que ella se manifestará para ti a través de la forma de Salud, Poder, Prosperidad, Unión, Felicidad y Paz, ¡que será cualquier cosa que ordenes!

Imagínatelo. Piénsalo. ¡Conócelo! Entonces, con toda la Positividad de tu naturaleza, ¡Habla la PALABRA CREADORA! Y volverá hacia ti llena de algo.

Pero sepan, amados, que esto no sucederá hasta que hayan venido a mí en completa y total rendición, hasta que hayan entregado su ser, su sustancia, sus asuntos, su Vida a mi custodia, poniendo todo cuidado y responsabilidad sobre mí, descansando y confiando absolutamente en mí.

Cuando hayas hecho esto, entonces todas las Palabras anteriores activarán mis Poderes Divinos presentes en tu Alma, y serás consciente de una Fuerza Poderosa dentro de ti, que —solo en la medida en que permanezcas en mí, y dejes que mis palabras permanezcan en ti— te liberará por completo de tu mundo de sueño, te avivará plenamente en Espíritu, hará que el camino sea claro, suministrará todas las cosas que deseas, y quitará los problemas y el sufrimiento de ti para siempre. Entonces no habrá más dudas ni cuestionamientos, porque sabrás que Yo, Dios, tu mismo Ser, siempre proveeré y señalaré el camino; porque habrás descubierto que Tú y Yo somos Uno.

CAPÍTULO 18

―――

UNIÓN

Tú que deseas consagrarte a mí, y que estás dispuesto a entregarme tu vida entera —dejando a un lado todas las ideas, esperanzas y objetivos personales—, para que Yo pueda expresarme a través de ti de manera libre y plena, escucha atentamente estas palabras.

Yo te he guiado hasta este punto mediante todas tus experiencias de vida. Si te encuentras listo y dispuesto a servirme, y has aprendido que tú, por ti mismo, no puedes saber ni hacer nada, y que YO SOY tu inteligencia, tu fuerza y tu sustancia, y que soy Yo quien dirige todos tus pensamientos y te permite hacer todo lo que haces, entonces eres capaz de comprender el significado de mis palabras, y estás preparado para obedecerlas.

Si tienes la capacidad y eres digno, entonces trabajarás conscientemente conmigo, esperando con alegría y calma cada nueva experiencia, sabiendo que cada una contiene expresiones maravillosas de mi significado, las cuales serán aclaradas por mí, y te ayudarán a lograr una unión más íntima y amorosa conmigo.

De esta manera, todas las experiencias serán bendiciones, y ya no pruebas o efectos del karma; porque en cada una de ellas te revelaré visiones gloriosas de mi Realidad, de tu propio Ser verdadero y maravilloso. Ya no tendrás deseos de cumplir ninguno de tus antiguos placeres. Solo buscarás mis deseos y querrás complacerme siempre.

Esto se manifestará de muchas maneras. En tus actividades, sin importar cuáles sean, no te interesará la tarea que tengas que cumplir, ya que sabrás que eso es lo que Yo necesito. Y si te esfuerzas por complacerme mediante tu parte Impersonal, podré cumplir rápidamente mi Voluntad.

Incluso en tus negocios te darás cuenta que YO SOY. De hecho, soy Yo Quien te proporciona ese negocio; y no para que en él puedas obtener el éxito o el fracaso común, ni para que puedas amontonar riquezas o perder todo lo que tienes, o no acumular ninguna. No, nada de eso. Es para que, a través del éxito o del fracaso, o de la falta de ambición o de habilidad especial, Yo pueda acelerar tu corazón hacia una realización de mí, el Impersonal, inspirando y dirigiendo todas estas cosas que haces, esperando que conscientemente participes en el verdadero éxito y aceptes las verdaderas riquezas que tengo reservadas para ti.

Solo así aprenderás que tu negocio, trabajo o condición de vida son únicamente incidentes, o vehículos externos que elijo y utilizo para llevarte a través de ciertas experiencias que considero mejor adaptadas para que alcances esa realización. De igual manera, deseo animar en ti ciertas cualidades del Alma que ahora solo se expresan de forma imperfecta.

Si puedes conocerme, habitando así en tu corazón, acompañándote a tu oficina, a tu tienda o a tu trabajo, y me permites dirigir tus negocios y todos tus caminos, entonces serás consciente de un nuevo poder en tu interior, un poder que fluirá como una simpatía suave y amable, una verdadera fraternidad, una ayuda amorosa a todos aquellos con quienes tengas contacto. Les inspirarás principios más elevados que aplicarán a sus negocios y vida; crearás en ellos el deseo de ejercer una influencia similar en sus propios círculos. Y este poder atraerá hacia ti negocios, dinero, amigos y abundancia de todas las cosas que necesites. Es un poder que te conectará con los reinos más elevados del pensamiento, permitiéndote ver con claridad y manifestar conscientemente todos mis Poderes y Atributos Impersonales en cada momento de tu vida.

No sentirás ninguna necesidad de ir a la iglesia o a reuniones religiosas, ni de leer las enseñanzas de mis Revelaciones para poder encontrarme y adorarme.

Por el contrario, te dirigirás hacia tu interior y me encontrarás allí, y estarás tan lleno de la alegría de estar unido conmigo y de servirme, y de adorarme, que solo te importará escuchar y obedecer mi Voz, y sentir el calor y la emoción de mi tierno Amor, mientras esta te llena, te rodea, prepara el camino y suaviza las condiciones que componen tu camino o tu trabajo.

Haré de ti una importante influencia en la comunidad, atrayendo a todos los hombres para que reciban mi bendición a través de ti. Ahora eres capaz de incluir tu personalidad en mi Santa Impersonalidad, de tal manera que si te olvidan solo me verán a mí, y sentirán la vivificación de mi Presencia dentro de sus propios corazones. Al hacer esto, saldrán con una nueva luz en sus ojos y el sentido de un nuevo propósito en sus vidas.

Viviré en sus hogares. Les enseñaré muchas cosas maravillosas a través de sus personas cercanas. Comprenderán cosas que antes se rebelaban contra su entendimiento. Y mediante el marido, la mujer, el hijo, el hermano, la hermana, el padre —y especialmente a través del tirano, del regañón, del egoísta—, podré desarrollar en ustedes grandes cualidades, como la paciencia, mansedumbre, tolerancia, dominio de la lengua, bondad amorosa, verdadero altruismo y un corazón comprensivo. Les mostraré que Yo, en lo más profundo de sus corazones, estoy obligando a sus personalidades a ofrecer lo que piden a través de las debilidades que todavía existen en ella.

Ahora tendrás la capacidad de apreciar esto y sacar provecho. Y cuando realmente comprendas esta gran verdad, serás capaz de verme en tu hermano, en tu esposa, en tu padre o en tu hijo, quienes apelarán a ti con ojos amorosos y apenados. En lugar de culparlos, te dirigirás hacia mí, el Impersonal. Yo te diré palabras suaves de amorosa bondad, que inmediatamente ablandarán tu corazón y te unirán con la persona que discutiste. Porque Yo, el verdadero Yo, en el corazón de cada uno, soy Uno, y siempre respondo cuando me llaman.

El mejor maestro y la mejor escuela se encuentran en tu propia casa. Hay mucha información que está reservada para aquellos que saben esto y me permiten a mí, el Impersonal, enseñarles. No solo te mostraré cosas a través de los demás, sino que también te utilizaré a ti como medio de enseñanza. Aunque con una diferencia: si eres consciente de mí y descansas impersonalmente en mí y en mi Sabiduría, entonces me permitirás elegir tus palabras y dirigir tus actos, y no te preocuparás ni de sus efectos sobre los demás ni sobre ti mismo, poniendo toda la responsabilidad sobre mí.

Cuando puedas hacer esto, te maravillarás de los cambios que aparezcan, tanto en tu personalidad como en las de tus seres queridos, hasta que seas capaz de ver, detrás de sus personalidades humanas, a mí, tu propio Ser Impersonal, brillando en sus ojos.

Cuando puedas verme así, entonces se te abrirán los cielos,

y ya no verás defectos en tu hermano, ni sentirás una falta de armonía a tu alrededor, y tampoco sentirás la falta de bondad de ningún otro ser. Porque sabrás que Yo, el Impersonal, dentro de ese otro, SOY la fuente de toda perfección, de toda armonía, de toda bondad amorosa, y solo esperas que la personalidad humana lo reconozca, se haga a un lado, y permita que mi Luz brille, resplandeciente en toda la gloria de mi Idea Divina.

Y entonces verás que todas las condiciones en las que te pongo son los lugares que he elegido para que puedas servirme mejor. En todos los lugares y en todas las condiciones hay mucho por hacer; y son difíciles para que la personalidad habrá una mayor necesidad de mi Presencia Viviente.

Sin importar dónde te encuentres cuando llegue el despertar, o cuál haya sido tu entrenamiento —en los negocios, en una profesión, en el trabajo manual, en la iglesia o en el inframundo—, allí residirá tu mejor oportunidad de servir; porque allí conocerás la mejor manera y el camino más adecuado. Porque, ¿cómo pueden los seres despertar al conocimiento de mi presencia interior sin la influencia vivificante que debe venir primero del exterior? Tú debes dar lo que recibiste. Tú debes convertirte en el vivificador. Debes ser quien conduzca mi Presencia Viviente a este negocio, profesión, trabajo o submundo; debes abrir las puertas de los corazones entristecidos y enfermos, y dejar que mi Luz y mi Amor Sanador se derramen en su interior. Debes suministrar la levadura que fermentará la masa. Si estas condiciones se imponen, tú debes conducir a mis ignorantes y traicionados, y darles mi inspiración, bendición y fuerza para que puedan levantarse y deshacerse de la influencia de los caminos del mundo, y así puedan escuchar mi Voz interior, y ser los amos de las condiciones circundantes y ya no simples esclavos. Ninguna condición en la vida puede ser levantada o conquistada huyendo de ella. El toque divino es necesario y debe ser suministrado. Pero solo se podrá realizar por alguien que conoce las profundidades y las alturas de la experiencia humana, teniéndome a mí como Guía e Intérprete.

Tú que estás leyendo esto, y cuya Alma comprende todo, eres bendecido y tienes un inmenso trabajo al frente tuyo.

Pero aquel que duda mientras su personalidad tiembla de miedo cuando la Luz se filtra a través de su nublado intelecto, también participará de mis Bendiciones en el futuro. Yo lo estoy preparando con rapidez para la alegría que le espera.

Sin embargo, aquellos que comprenden y que tienen miedo deben saber que YO estoy manifestando mi Voluntad a través de todos ellos. Y el tiempo vendrá y no conocerán otra Voluntad más que la mía, y se cumplirán todas las cosas que desees.

Pero no sucederá nada de esto hasta que te hayas hecho uno conmigo; hasta que no quede nada en tu personalidad humana que produzca pensamientos o sentimientos inarmónicos, ya sea en acto o palabra. Tu camino se convertirá en una ronda continua de bendición. En todo lugar brillará mi Luz, y mi Amor irradiará a tu alrededor, creando paz, concordia y unidad. Y será grandioso saber que todos serán mejores y estarán más felices al sentir tu presencia en sus vidas. Porque el YO SOY que se encuentra en ellos —mientras todavía están en la carne—, ha encontrado o sentido dentro de ti una vía de expresión verdaderamente Impersonal, y por lo tanto siente la Gloria y la Santidad de mi Vida Impersonal.

Made in the USA
Las Vegas, NV
14 April 2025

20972991R00080